ZIBALDONE 56

ZIBALDONE

Zeitschrift für italienische Kultur der Gegenwart

Mitbegründet von Helene Harth

Herausgegeben von
Thomas Bremer und Titus Heydenreich

No. 56
Herbst 2013

Schwerpunkt:
Kleine Inseln

STAUFFENBURG VERLAG

Bibliografische Information der Deutschen Bibliothek

Die Deutsche Bibliothek verzeichnet diese Publikation in der Deutschen Nationalbibliografie; detaillierte bibliografische Daten sind im Internet über <http://dnb.ddb.de> abrufbar.

Zibaldone: Zeitschrift für italienische Kultur der Gegenwart. –
Tübingen: Stauffenburg Verlag
Bis 19 (1995) im Verl. Piper, München / Zürich
Bis 32 (2001) im Rotbuch Verl., Hamburg
ISSN 0930-8997

Schwerpunkt: Kleine Inseln
hrsg. von Thomas Bremer und Titus Heydenreich
Tübingen: Stauffenburg Verlag, 2014
(Zibaldone; No. 56)
ISBN 978-3-86057-859-9

Zibaldone, Zeitschrift für italienische Kultur der Gegenwart,
erscheint zweimal jährlich.
Einzelheft EUR 12,-
Jahresabonnement EUR 20,- (zuzüglich Porto)
© 2014 Stauffenburg Verlag Brigitte Narr GmbH
Postfach 2525 · D-72015 Tübingen
www.stauffenburg.de

Titelbild: San Lazzaro degli Armeni (Foto: Reiseportal www.veneziasi.it).

Manuskripte nur an den Herausgeber:
Prof. Dr.Thomas Bremer, Martin-Luther-Universität, Institut für Romanistik, D-06099 Halle; thomas.bremer@romanistik.uni-halle.de

Unverlangt eingesandte Manuskripte werden in der Regel nicht kommentiert und nur zurückgesandt, wenn Rückporto beiliegt.

Sofern nicht anders angegeben, handelt es sich bei allen Beiträgen um Erstveröffentlichungen.

ZIBALDONE 57
1914/15: Kunst und Krieg in Italien

Inhalt

Vorwort der Herausgeber   7

Titus Heydenreich
Das Ganze im Kleinen   11

Alessandra Di Maio
Lampedusa und das ‹Schwarze Mittelmeer›. Die Migrationsrouten im Jahrtausend der Globalisierung   17

Aldo Ferrari
San Lazzaro, die Insel der Armenier in Venedig   33

Alfiero Spinelli/Ernesto Rossi
Il Manifesto di Ventotene. Per un'Europa libera e unita (1941)
Das Manifest von Ventotene   42

Felice Balletta
«Der größte Prophet der europäischen Idee». Altiero Spinellis Vision eines freien und vereinten Europa: *Il Manifesto di Ventotene*   51

Oreste Pili
Salvatore Meloni, genannt «Doddori», die Unabhängigkeitsbewegung Sardiniens und die Insel Malu Entu   63

Fulvio Senardi
Die Insel (1942) von Giani Stuparich   73

Katrin A. Schmeißner
Auf der Suche nach Fluchtmöglichkeiten. Roberto Rossellinis *Stromboli*   83

Teresa Cirillo Sirri
Pablo Neruda auf Capri   97

Ulrich Steltner
Capri als Allegorie des Leidens und der Einsamkeit. Gustaw Herlings
Erzählung *Pietà dell'Isola* (Die Insel)   107

Cristina Zagaria
Cosa Nostra auf Pianosa   123

Titus Heydenreich
Knastinseln im Roman. Elsa Morante, Carlo Lucarelli, Francesca Melandri   129

Christiane Liermann
Kriegsverbrechen 1943-1945. Die Arbeit der deutsch-italienischen
Historikerkommission   137

Notizbuch
Thomas Bremer über Walter Veltronis Roman *Roseninsel* – Elisabeth Wynhoff über
die Manzoni-Retrospektive im Frankfurter Städel – Peter Jehle über einen Brief Karl-
Ludwig Seligs an Werner Krauss   149

Rezensionen   162

Zu den Autoren   169

**Vorschau auf die Themenschwerpunkte
der nächsten Hefte**

**1914/15: Kunst und Krieg in Italien
No. 57 Frühjahr 2014**

**Übersetzungslandschaften
No. 58 Herbst 2014**

ZIBALDONE 56

Kleine Inseln

Auf Capri versinkt die rote Sonne im Meer seit ausgerechnet 1944. Sie tut es seither immer wieder.

Wir fragten uns: Gibt es über die Schlager des aufkeimenden Massentourismus hinaus weitere Aspekte, die der schönen Insel zu Weltruhm verhalfen? Und: Was bedeutet ‹klein›, wenn man Capri und andere Inseln als klein bezeichnet? Wurden manche zu einem ernsten – oft traurigen – Begriff, weil wir sie mit bestimmten – historischen, kulturellen – Vorgängen in Verbindung bringen müssen, deren Tragweite über Umfang und Situierung hinausreichen? Und: Gilt diese Frage sowohl für die realen Inseln als auch für die von Schriftstellern erfundenen?

Vollständigkeit war bei der Behandlung eines solchen Schwerpunkts nicht anzustreben, wohl aber eine Auswahl unter jenen Inseln, deren Geschichte sich als symptomatisch für die Geschichte des ganzen Landes erweist. Solch ein historisches Gewicht offenbart, wie sich zeigen wird, auch Capri.

Abermals danken die Herausgeber für wertvolle Hinweise, sachkundige Beiträge, zum Teil ungewöhnliche Illustrationen und die damit verbundene Gewährung von Reproduktionsrechten. Und wir danken, wie immer, Frau Susanne Schütz für die sorgfältige Erstellung der Druckvorlage.

Die Herausgeber

Titus Heydenreich (1936-2013, Foto: Gertrud Glasow, Erlangen)

Titus Heydenreich (1936-2013)

In Heft 30 des *Zibaldone* hat Titus Heydenreich einen Bericht über «Die ersten fünfzehn Jahre» der Zeitschrift gegeben (der Titel war auch ein Zitat von Tilla Durieux' Alterserinnerungen, «Die ersten 90 Jahre») und geschildert, wie die Zeitschrift zustande kam: als ein Ergebnis von Bleibeverhandlungen, infolge deren er nicht den romanistischen Lehrstuhl in Köln übernahm, sondern an der Universität Erlangen blieb. Der Text endet mit dem Satz: «*Zibaldone* ist auch das, was er noch nicht ist» und mit der Frage: «Wer wird über die ersten dreißig Jahre schreiben?»

Dass *Zibaldone* nicht existieren würde ohne Titus Heydenreich (und seine beharrliche Arbeit und sein emotionales Engagement, beim Finden von Autoren, beim Redigieren von Texten, beim Entwerfen neuer Hefte und Heftthemen), und dass er nicht existieren würde ohne Hildegard Heydenreich (auch das muss einmal gesagt werden: ohne ihre Ratschläge, ihre Übersetzungen, manches Mal ohne ihre Fotografien, sehr häufig im Hintergrund auch ohne ihre E-Mail- und Internetkenntnisse), ist sicher. Dass den Bericht über «die ersten dreißig Jahre» jemand anderes wird schreiben müssen, auch: am 23. Dezember 2013 ist Titus Heydenreich nach schwerer Krankheit, aber trotzdem sehr plötzlich und nicht erwartet, im Alter von 77 Jahren gestorben. *Zibaldone* – dessen vorliegendes Heft noch fast vollständig von ihm konzipiert und ediert wurde – verliert mit ihm nach 28 Jahren Existenz seinen Gründer und Spiritus rector.

Geboren 1936 in Hamburg, hatte Titus Heydenreich große Teile seiner Jugend in Italien verbracht (sein Vater, Kunsthistoriker und Leonardo-Spezialist, war an die Spitze des Kunsthistorischen Instituts in Florenz berufen worden), hatte dann Romanistik studiert und war um 1968 in die Auseinandersetzungen an der Berliner FU geraten (Splitter dieser Erfahrung finden sich im teilveröffentlichten Briefwechsel mit Peter Szondi und in der Gedenkschrift zum 100. Geburtstag seines verehrten akademischen Lehrers Walter Pabst). In der Folge ging er nach Köln, wo er sich mit einem klassisch-hispanistischen Thema zur

Literaturgeschichte des Siglo de Oro habilitierte und die Rufe – nach Gießen, dann nach Erlangen, wo er trotz anderer auswärtiger Angebote, unter anderem auch nach Wien, bis zu seiner Emeritierung blieb – ihn vor allem auf das Spanische (in Europa und Lateinamerika) und Französische festlegten. Ein Teil seiner ‹kulturellen Liebe› blieb jedoch immer in Italien; dorthin fuhr er – immer mit seiner Frau, meist mit dem Auto – häufig, dort hatte er eine enorme Vielzahl von Kontakten, war durch das Durchsehen von Tausenden von Antiquariatskatalogen, das Lesen aktueller Zeitungen und Zeitschriften und einen regen Briefwechsel mit Freunden und Kollegen stets auf der Höhe der kulturellen Diskussion. Viele seiner deutschen wie italienischen Freunde werden sich an seine unverkennbaren Sendungen erinnern: die Mitteilungen stets auf der unverzichtbaren Reiseschreibmaschine getippt, die Umschläge – zur Entspannung – meist kunstvoll zuhause aus alten, selbst erhaltenen Umschlägen zusammengeklebt, und immer ‹Beilagen› enthaltend: Musik-, Theater-, Kongressprogramme, Werbezettel, Fotos, Postkarten.

Seine intellektuelle Neugier führte ihn dabei häufig zu Themen jenseits des Mainstream, zu unbekannten oder zu Unrecht vergessenen Autorinnen und Autoren, häufig im Grenzbereich zur Kunstgeschichte, auf wenig bekannte Wege der Rezeption und auf entlegene Drucke. Unvergesslich auch seine Hinwendung zur Jugend (zwei Jahrzehnte lang als Gutachter der Studienstiftung, nicht zuletzt auch mit unermüdlicher Bereitschaft, frühe akademische Versuche für *Zibaldone* zu akzeptieren, sie im Dialog zu redigieren und zu verbessern) und seine Bereitschaft, auf Tagungen immer dann aufzutreten, wenn er den Eindruck hatte, dort etwas bewirken oder jemandem, den er schätzte, helfen zu können – ohne ‹Prestige›-Gründe und gegebenenfalls weit jenseits internationaler Wahrnehmungsschwellen. Er wird vielen schmerzlich fehlen. Ohne ihn würde es *Zibaldone* nicht geben. Wir können nur in seinem Sinne weiterarbeiten.

Thomas Bremer

Titus Heydenreich

Das Ganze im Kleinen

Durch besondere Ereignisse wachsen kleine Inseln über die geographischen Grenzen ihrer Bedeutung hinaus, gewinnen eine Relevanz, die sie womöglich erst zum Begriff machen, zu Trägern einer Situation, die auch die Grenzen Italiens überschreiten können.

Als dieses Heft noch nicht lange in Planung war, lieferte die Zeitgeschichte zwei folgenschwere Beispiele: der Besuch von Papst Franciscus auf Lampedusa im Oktober dieses Jahres sowie, wenige Wochen später, das Schiffsunglück vor der Küste derselben Insel mit Hunderten von ertrunkenen Emigranten aus Afrika. Wenn Lampedusa zuvor primär in Italien zum Inbegriff mangelhafter europäischer Verantwortung geworden war (vgl. *Zibaldone* 52 über Fabrizio Gattis Reportage von 2007), so wuchs das Bewusstsein der noch ungelösten Fragen solidarischer Hilfsbereitschaft ins Interkontinentale. Die Insel wird in Zukunft nicht mehr nur in Reiseprospekten begegnen.

Aus klimatischen und historisch-kulturellen Gründen bietet der mediterrane Raum – also der griechische, der iberische, der italische – seit der Antike die meisten Beispiele für das sogenannte ‹Hinauswachsen› über den geografischen Umfang. Wobei die einschlägigen Ereignisse sowohl von den Inselbewohnern aus geliefert werden als auch von außen.

Es sei denn, es handelt sich um Inseln, die kurzfristig auftauchen und dann wieder verschwinden. Auch das gab es. Im Jahr 1831 blubberten vor der Küste Südsiziliens auf der Höhe von Cela zwei von Schwefeldunst umhüllte Gebilde von einem Quadratkilometer an die Oberfläche und versanken nach wenigen Monaten auf Nimmerwiedersehen wieder. Immerhin war Zeit, sie Isole Fernandee zu taufen, in Würdigung der Tatsache, dass devote Höflinge sie dem König Ferdinand II., zu jenem Zeitpunkt gerade zu Besuch in Palermo, anzudienen gedachten. Ansprüche meldeten freilich auch England, Malta, Frankreich an. Letztlich ein Sturm im Wasserglas. Und letztlich ein Exempel virtueller Inselgeschichte und virtueller Inselliteratur: Was wäre geschehen, wenn die genannten Mächte um den Besitz hätten kämpfen müssen oder wollen? Böten zudem die historiographisch gut erfassten Vorgänge (vor allem durch Salvatore Mazzarellis *Dell'isola Fernandea e di altre cose*. Palermo: Sellerio 2012, ¹1984) nicht auch reizvollen Stoff für fiktionale Ausgestaltungen (etwas matt Filippo D'Arpa: *L'Isola che se ne andò*. Milano: Mursia 2001)?

*

Politische Brisanz entfalteten Inseln in unseren beiden Jahrhunderten historisch und literarisch. Es sind so viele, dass in unserem Heft nur eine Auswahl zum Zuge kommen konnte. Für die nur ungern ausgeklammerten zwei Namen:

Unterirdischer Hangar der italienischen Truppen auf Pantelleria
Quelle: Imperial War Museum, London - CMA 3745

Das Ganze im Kleinen 13

1. *Pantelleria*. Pantelleria wird heute als Ort gepriesen, auf dem Prominente sich gerne abseits vom Trubel in die Sonne legen. Jahrzehnte zuvor, im Juli 1943, errang die Insel eine zeithistorische Bedeutung, die nicht verblasste. Denn von dort setzten die Alliierten zur Landung auf Sizilien an.

2. *Ustica*. Über dem sommerlichen Abendhimmel von Ustica wurde im Juni 1980 eine Linienmaschine der Itavia getroffen. 81 die Toten: 77 Passagiere, darunter 11 Kinder, 4 Besatzungsmitglieder. Getroffen von wem und warum? Heute, im Herbst 2013, sprechen die Richter (wieder) von einer Rakete. Zum Zeitpunkt des Desasters kreisten über Ustica und Umgebung an die zwanzig Militärflugzeuge: amerikanische, britische, französische, italienische, NATO-Flieger, dazu eine Tupolev unter libyscher Flagge. Wie erklärt sich dieser Andrang? War ein Attentat auf den – international unbequemen – Premier Ghaddafi geplant, den man in der Tupolev auf dem Wege nach Warschau vermutete? Der in Italien initiierte Prozess durchlief und durchläuft seit 1982 mehrere Instanzen, nicht zuletzt zum Nachteil der auf Entschädigung hoffenden, nach und nach sterbenden Angehörigen. Seit Renate Igels Bericht von 1993 («Politthriller Ustica», in: *Zibaldone* 16, S. 134ff.) sind zwanzig Jahre verstrichen, und alles ist wieder offen. Ustica: das Ganze im Kleinen. Der Name der ganz unbeteiligten Insel tief unten im blauen Mar Tirreno steht in Italien für landweite diplomatisch-militärische Kriminalität, für politische Vernebelung, Verantwortungsmangel des Staates, Trägheit der Justiz. Am 24.10.2013 brachte der *Corriere della Sera* eine Karikatur unter dem Titel: «Wahrheit über Ustica». Dort sagt der Großvater «Es war eine Rakete». Fragt das Enkelchen: «Und die Schuldigen?» Darauf der Großvater : «Das werden wir vielleicht erfahren, wenn du Großvater sein wirst».

*

Über die Grenzen Italiens hinaus die Ausstrahlung von San Lazzaro degli Armeni in Venedig: siehe Aldo Ferrari auf Seite 33ff. Man betritt nach wenigen Minuten *vaporetto* eine andere Welt. Die als Fremdenführer delegierten Patres bemühen sich um historische Gesamtpräsentation. Indes: Ein Gang durch den reich sortimentierten Buchladen veranschaulicht die schmerzliche Relevanz dessen, worüber der Führer, der sein ephemeres Publikum nicht kennen kann, vorsätzlich nicht spricht: über den Armenier-Genozid der Jahre 1915-1917 und über die unterschiedliche Art der Politiker (nicht zuletzt der deutschen), mit dem Sachverhalt Genozid umzugehen: von der öffentlichen Verurteilung bis zur schweigsamen Nichtbefassung.

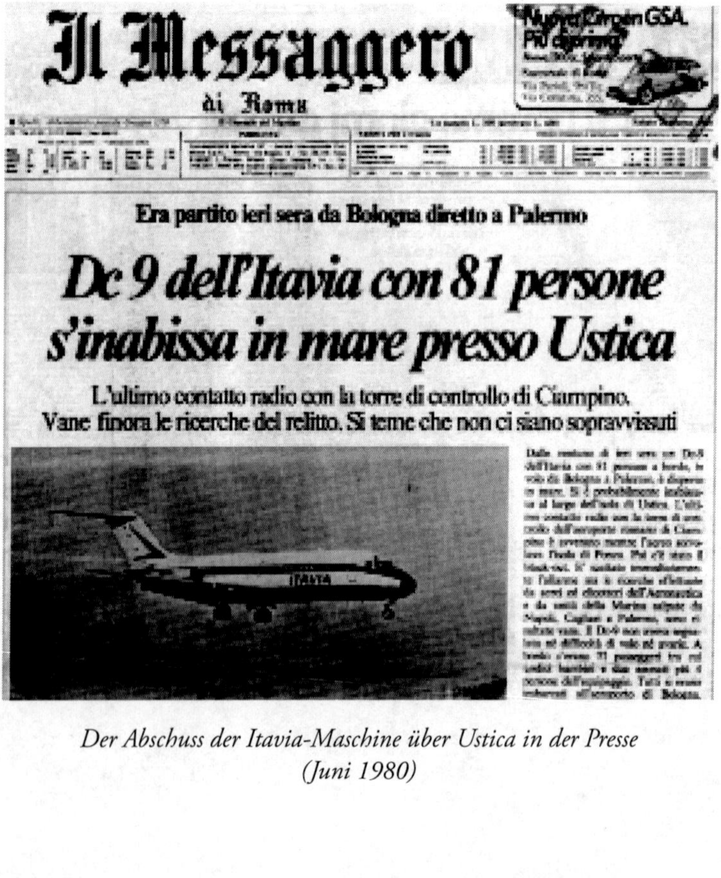
Il Messaggero
di Roma

Era partito ieri sera da Bologna diretto a Palermo

Dc 9 dell'Itavia con 81 persone s'inabissa in mare presso Ustica

L'ultimo contatto radio con la torre di controllo di Ciampino. Vane finora le ricerche del relitto. Si teme che non ci siano sopravvissuti

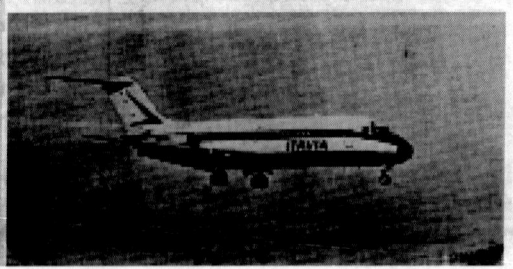

Der Abschuss der Itavia-Maschine über Ustica in der Presse (Juni 1980)

Das Ganze im Kleinen

San Lazzaro ist kein eigenständiger Insel-Staat. Wohl aber Malu Entu. 830 Hektar groß, wenige Kilometer vor der Westküste Sardiniens auf der Höhe von Oristano. Eigenständig soll sie zumindest nach dem Willen von Doddori Meloni und dessen Anhängern sein, die den Staat 1981 gründeten und seither so manchen Strauß mit der Region Sardinien auszufechten hatten: siehe Oreste Pili, unten S. 63ff. Die Insel gehört einem englischen Magnaten, der den Doddori offenbar gewähren lässt. Ein letztlich belächelnswertes Unterfangen – und doch durchsetzt mit einem Wermutstropfen unerfüllter radikaler Freiheitssehnsucht? Worin unterscheidet sich das politische Programm des Doddori Meloni vom Versuch jener jugendlichen Achtundsechziger, in den Hoheitsgewässern vor Rimini ein Palisadeninselchen der Harmonie und Freiheit – «L'isola delle rose» – zu errichten? Und warum wurde l'isola delle rose von der Polizei, obwohl es juristisch nichts anzufechten gab, in Brand gesteckt? (siehe Bremer, unten S. 149ff.)

Inseln, die in der Geschichte mehr bedeuten, als man zunächst vermuten würde ... Etwa Ventotene. Der Name steht, wie jeder Italiener weiß, nicht nur für ein Urlaubsangebot, sondern auch – oder primär – für ein politisches Programm, dessen europäische Dimensionen die Grenzen der Insel sprengen. Mit Colornos und Spinellis *Manifesto* von 1941 beginnt, im beengenden Gemäuer eines tyrrhenischen Karzers, Europa (siehe Balletta, unten S. 51ff.).

Inseln, die historisch mehr hergeben, als der Name zunächst vermuten lässt. Reale oder fiktionale. Auch literarisch erfundene (oder nachempfundene) reichen über sich hinaus, sobald sie Schauplätze des Wandels von Protagonisten bieten. So kann (mutmaßlich) das adriatische Lussino generationsbedingte Entfremdung auflösen (s. Senardi, unten S. 73ff.), und Capri, sonst Opfer eines image-entstellenden Massentourismus, in Einzelfällen Bekehrung und Läuterung herbeiführen (s. Steltner, unten S. 107ff.).

Schließlich und endlich Stromboli, bekannter, wie wir vermuten, als eine Urlaubsinsel unter vielen (wenngleich von einem aktiven Vulkan beseelt), als dank Roberto Rossellinis Film: s. Schmeißner, unten S. 83ff. Wir wagen die These, stehen mit ihr vielleicht nicht allein: Die Flucht der jungen Protagonistin gestaltet sich in der Schlussphase auf Bergeshöhe (mit anschließender Rückkehr ins Dorf) als mystische, helfende Begegnung: Karin, von strahlenden Lichteffekten umhüllt (im Studio sicher kein Problem) und nahezu ekstatisch «Dio mio!» ausrufend, lässt – so meinen wir – zumindest Assoziationen mit mystischen Schlussphasen literarischer Bergbesteigungen zu.

Folgt man dieser Vermutung, so würde sich bestätigen: Auch der Neorealismus, zu dessen Klassikern Rossellinis Film mit dem Untertitel *Terra di Dio* gehört, integrierte – in der Literatur wie im Film – vorsätzlich symbolisch-allegorische Handlungselemente. Der wegweisende liebe Gott über Stromboli. Über dem Kleinen das Ganze.

Alessandra Di Maio

Lampedusa und das ‹Schwarze Mittelmeer›
Die Migrationsrouten im Jahrtausend der Globalisierung

Im umgangssprachlichen Arabischen benutzen die Nordafrikaner eine Metapher für diejenigen, die seit Beginn der 80er Jahre des letzten Jahrhunderts massenweise das Mittelmeer in der Hoffnung überquert haben, an den Küsten Europas Arbeit, Demokratie und bessere Lebensbedingungen für sich und ihre Familien zu finden: Sie ‹verbrennen›, d.h. sie überqueren das Meer. Neben seiner wörtlichen Bedeutung wird das arabische Verb *haraqa* (verbrennen) von Marokko bis Ägypten auch in einer Reihe umgangssprachlicher Ausdrücke verwendet, die allesamt Grenzüberschreitungen implizieren. Wenn man im Arabischen eine Regel, ein Gesetz oder auch eine rote Ampel an einer Kreuzung ‹verbrennt›, ist damit in Wirklichkeit gemeint, dass man eine Richtlinie missachtet, eine Norm verletzt oder das Gesetz bricht. Genauso ist den *harraga* (wörtlich «denjenigen, die verbrennen», d.h. den Migranten, die das Meer überqueren) bewusst, dass der *harg*, d.h. das ‹Verbrennen› bzw. Überqueren des Mittelmeeres, einen transgressiven Akt darstellt. In ihren Veröffentlichungen zum Phänomen des *harg* unter den jungen Marokkanern erläutert die Anthropologin Stefania Pandolfo die komplexen und häufig widersprüchlichen Implikationen dieses Akts der Grenzüberschreitung aus der Perspektive der islamischen Eschatologie. Pandolfo zeigt auf, wie alle Geschichten über den *harg* – unabhängig von den verschiedenen individuellen Blickwinkeln, die die Interviewten einnehmen – das Bewusstsein eines im übertragenen Sinne verbrannten Lebens implizieren: «ein namenloses und illegales Leben; ein Leben, eingepfercht in physische, genealogische und kulturelle Räume, die als unbewohnbar wahrgenommen werden». Dies vor allem, weil Migration mehr und mehr als «verlockendes, aber oft unmögliches Vorhaben einer illegalen Einreise nach Europa» aufgefasst wird (Pandolfo 2007:333). In der Folge wird der Aufbruch nach Europa, das Verbrennen des Mittelmeeres, «versteckt im Doppelboden eines LKWs oder auf dem gefährlichen Seeweg» synonym zum Eingehen eines Risikos, *kanriski*, oder zum Spiel mit dem eigenen Leben, *ghadi mghamar b-rasek* (ebd.:333-336). Die beiden letztgenannten sind nur zwei der häufigsten Ausdrücke, die den Diskurs über den *harg* in Marokko und dem gesamten Maghreb bilden – ein Diskurs, der in einer Sprache artikuliert wird, die Pandolfo als «Sprache der Abhängigkeit» (352) beschreibt, eine Sprache der Wut und der Unterdrückung, wenn nicht der Verzweiflung. Dennoch, so die Anthropologin weiter, selbst wenn in solchen Ausdrücken die Möglichkeit eines verheerenden Endes mitschwingt, impliziert die Erfahrung des *harg* in Wahrheit auch «die Suche nach einem neuen Horizont in der Praxis des Sich-Selbst-Erfindens und Experimentierens, die aus einer Vorstellungswelt des Andernorts und des Exils schöpft» (333).

Harraga nach Lampedusa

Sizilien, meine Heimatinsel, hat ihren Ruf als Land der Mafia, der lange Zeit weltweit die kollektiven Vorstellungen prägte, teilweise ersetzt durch den Ruf als Einwanderungsland, seit sie zu einer der Hauptanlaufstellen der Massenimmigration nach Europa geworden ist. Immer wieder landen *Harraga*-Boote an ihren Südküsten, vor allem auf der kleinen Insel Lampedusa, die administrativ zu Sizilien gehört und die den südlichsten Punkt Italiens darstellt. Die Boote der *harraga* sind, wenn sie die afrikanische Küste verlassen, übervoll mit Migranten auf der Suche nach Freiheit und besseren Lebenschancen. Doch wenn sie in Lampedusa oder irgendeinem anderen der vielen Ziele der Überfahrt ankommen, sind sie meist deutlich weniger voll, wenn nicht gar, im schlimmsten Fall, gänzlich leer. Die Zahl der Migranten, die die Überfahrt nicht überleben, ist groß. Am 1. August 2011 lese ich zum Beispiel, dass ein 15 Meter langes Schiff, das mit 271 Personen von Libyen aus in See gestochen war, in Lampedusa mit 25 Toten an Bord angekommen ist. Sie waren im Laderaum erstickt.[1] In anderen Fällen kommen ganze Schleppkähne nicht

Lampedusa und das ‹Schwarze Mittelmeer› 19

am Ziel an, sei es wegen der Wettergewalten oder der Nachlässigkeit und der Brutalität der Schleuser, die ungeachtet schlechter Wetterprognosen oder des verheerenden Zustandes der Boote die Überfahrt in die Wege leiten. Im Sommer 2011 häuften sich die Bootsanlandungen, von denen in den Zeitungen und Fernsehnachrichten berichtet wird, derart, dass sie fast schon keine Beachtung mehr fanden. Tatsächlich ist der grenzüberschreitende Verkehr zwischen dem Maghreb und Sizilien, nachdem er 2010 zum Stillstand gekommen war, im Februar 2011 wieder enorm angestiegen, von dem Zeitpunkt an, als viele Nordafrikaner, hauptsächlich aus Tunesien, vor der Revolution geflohen sind. Insbesondere die Route Zarzis-Lampedusa war im Frühjahr 2011 viel befahren, bevor sie alsbald von den libyschen Routen abgelöst wurde.

Journalisten bei einem Pressetermin auf Lampedusa
(Foto: A. Di Maio)

Man kann über die Gründe spekulieren, warum gerade diese Routen wieder aufgenommen worden sind, oder warum die *harraga* in Scharen in Lampedusa ankommen statt z.B. in Pantelleria, einer anderen Insel, die administrativ zu Italien gehört und die sogar näher an der tunesischen Küste liegt. Sicherlich lassen sich dafür Gründe in den unterschiedlich günstigen Meeresströmungen finden, in der schwereren Zugänglichkeit einiger möglicher Landungsplätze im Vergleich zu anderen, die daher öfter angesteuert werden. Doch rührt mit Sicherheit auch ein entscheidender Faktor bei der Wahl der Seeroute von den zwischenstaatlichen Abkommen der betroffenen Staaten her. Die Forschungen der Soziologin Saskia Sassen weisen auf eine erste Antwort hin, denn sie zeigen «dass Migrationen nicht einfach zufällig entstehen. Sie sind *produziert*. Und Migrationen betreffen nicht eine beliebige Länderkombination. Im Gegenteil, sie werden geplant» (Sassen 1999:155).

Aber viele Männer und Frauen haben diese ‹geplante› Erfahrung, das Meer zu ‹verbrennen› nicht überlebt, unabhängig von der gewählten Route. Die Zahl derer, die auf dem Grund des Mittelmeeres geendet sind, ist so unermesslich wie die Zahl all derer, die, noch bevor sie überhaupt ein Schiff besteigen konnten, als Gerippe im Sandmeer der Sahara geendet sind. Die «Mittelmeer-Passage» (Portelli 1999; King 2001) ist in der Tat oft zweigeteilt: wer nicht im *sahel* wohnt, also in der Küstenregion, muss zu allererst bis zur Küste gelangen, d.h. er muss die Sahara durchqueren. Und nicht nur die Maghrebiner aus dem Landesinneren nehmen diese, wenn man so will, erste Überfahrt auf sich. Der größte Teil der *harraga* der Wüste stammen aus den afrikanischen Ländern südlich der Sahara: aus Westafrika (Nigeria, Ghana, Senegal); vom Horn von Afrika (Somalia, Eritrea, Äthiopien), das wie Libyen einst in Teilen von Italien besetzt oder kolonialisiert worden war; und aus verschiedenen anderen Regionen des gesamten Kontinents. Anders gesagt, die Migrationsrouten der Mittelmeer-Passage erstrecken sich auf den gesamten afrikanischen Kontinent, so wie ihre Ziele den gesamten europäischen Kontinent, insbesondere die EU, einschließen. Lampedusa ist, ebenso wie die spanischen Enklaven Ceuta und Melilla, lediglich eine Kreuzung, die Afrika mit der sogenannten Festung Europa verbindet. Dennoch sind es Kreuzungen, die nicht alle erreichen können. Der mehrfach preisgekrönte italienische Dokumentarfilm *A Sud di Lampedusa — Südlich von Lampedusa* des Regisseurs Andreas Segre zeigt dies auf vielsagende Weise.

Südlich von Lampedusa (2006)

Der im Mai 2006 hauptsächlich in der Wüste Sahara gedrehte Dokumentarfilm, der weltweit die Aufmerksamkeit der Filmkritik erregt hat, zeigt uns das verborgene Antlitz der illegalen Migration von Afrika nach Europa. Es handelt sich um ein Gesicht, das in den Medien und im europäischen Diskurs zur Migrationspolitik nahezu vollständig unsichtbar ist. Das, was wir im Fernsehen von dieser Reise sehen, ist nur die letzte Etappe der Mittelmeer-Passage: die Überfahrt auf dem Seeweg und, im besseren Fall, die Landung der Überlebenden auf der kleinen Insel Lampedusa oder an anderen europäischen Zielhäfen; Personen, deren Namen wir nie erfahren.

Bis vor nicht allzu langer Zeit verbanden die Italiener mit Lampedusa ein gefälliges Touristenziel, nicht einmal besonders chic (allenfalls radiKalchic), mit idyllischen und unbefleckten Stränden und einem türkisfarbenen Meer. In jüngster Zeit allerdings hat Lampedusa einen zentralen Platz im Immigrationsdiskurs eingenommen, nicht nur in Italien, sondern in ganz Europa. Am 5. August 2011 beispielsweise widmete *Libération* dem Phänomen, von dem die Insel in diesem Jahr erneut betroffen ist, eine Reportage, die die Etappen der Migration nachzeichnet, beginnend beim 16. März, als die Schiffslandungen in unablässig schnellem Takt wieder einsetzten.[2] Tags darauf schrieb Eric Jozsef in derselben französischen Tageszeitung einen Leitartikel, in dem er, ausgehend von der Tragödie, die sich einige Tage zuvor ereignet hatte, darlegt, dass die Zahl der Opfer des Menschenhandels weitaus höher ist, als gemeinhin behauptet wird.[3] Anscheinend ist dies — also die zahlreichen Toten in der äußerst fischreichen Straße von Sizilien — der Grund dafür, dass im laufenden Jahr in Sizilien, und wie es scheint auch in einem Gutteil Süditaliens und in Tunesien, der Handel mit

Thunfisch auf einen Spottpreis gesunken ist: Es hat sich das Gerücht verbreitet, dass der Thunfisch, der Raubfisch des Mittelmeeres, dessen Fang im Laufe der Jahrhunderte in vielen Küstengebieten bestimmte traditionelle Rituale hervorgebracht hat (auf Sizilien z.B. die *mattanza*, das traditionelle Schlachten), sich von den Leichen der *harraga* ernährt, die die Überfahrt nicht überlebt haben.

In Segres Dokumentarfilm allerdings taucht Lampedusa an keiner Stelle auf, obwohl es im Titel genannt wird. Im Film ist und bleibt die Insel eine Fata Morgana, ein angestrebtes Fernziel, ein lang ersehnter Anlaufpunkt, der niemals erreicht werden wird. Der Film konzentriert sich ganz auf die Durchquerung der Sahara, die der Überquerung des Meeres vorausgeht, und zu der die internationale Gemeinschaft unerklärlicher-

Kontrollboot der Guardia di Finanza (Foto: A. Di Maio)

Lampedusa und das ‹Schwarze Mittelmeer› 23

weise beharrlich schweigt. Im Zeitalter der Genfer Konvention und der angeblich internationalen Geltung der Menschenrechte durchqueren Hunderttausende, vielleicht Millionen von Migranten aus den verschiedensten Regionen Afrikas unter elenden Umständen die Wüste. Das Schweigen darüber will Segre mit seinem Film *A Sud di Lampedusa – Südlich von Lampedusa* durchbrechen.

Der Dokumentarfilm hat drei Teile: der erste Teil – «Abfahrt» – dokumentiert die erste Etappe der Reise. Hunderte Afrikaner aus unterschiedlichen Subsahara-Gebieten kommen in Agadez (Niger) zusammen, um den Weg anzutreten, der sie durch die Sahara in den *sahel* bringt. Das Ziel ist Libyen, dessen Grenzen Gaddafi 1998 für alle Afrikaner geöffnet habe, wie einer der Protagonisten sagt. Seiner Meinung nach «fasste sich Gaddafi ein Herz und lud alle Afrikaner ein zu kommen, weil Libyen allen gehört. So eilten alle nach Libyen, bis zu den Pogromen».

Der zweite Teil des Films trägt den Titel «Reise» und zeigt die Durchquerung der Wüste Sahara auf einem Lastwagen. In visueller Hinsicht nimmt die Durchquerung des Sandmeeres der Sahara symbolisch die ersehnte zukünftige Meeresüberquerung vorweg. Der Lastwagen wiederum, vollgepfropft mit Männern, Frauen und Kindern jedweder Nationalität, weist auf den Kahn voraus, der die namenlosen Passagiere von einem Ufer des Mittelmeeres zum anderen übersetzen wird. Der Fahrer des Lastwagens bemüht sich glaubhaft zu machen, dass die Menschen, die er transportiert, «eine Familie» bilden – eine Geschichte, von der er noch nicht einmal sich selbst überzeugen kann –, zieht dann aber das Fazit: «Aber Lastwagen sind dafür gemacht, Waren und Produkte zu transportieren, keine Menschen.» Angesichts der Umstände ist es nicht verwunderlich, dass einige Menschen es nicht schaffen, die Sahara zu durchqueren.

Als Titel des dritten und letzten Teils des Films würde man «Ankunft» erwarten. Aber am Ende des Films kommt man nirgendwo an, außer am Ausgangspunkt. Es gibt kein Happy End, es wird kein Ausweg angeboten, kein Erlösungsgleichnis. Der dritte Teil heißt «Abschiebung». Diejenigen, die es bis nach Libyen geschafft haben, werden von den örtlichen Behörden in sogenannte «campi di espulsione» (Abschiebelager) gesperrt, wo sie monatelang, wenn nicht jahrelang, bleiben müssen. Der Ausdruck «Abschiebelager» ist ein Versuch zu verschleiern, dass es sich in Wahrheit um Gefängnisse handelt, bestätigt der Interviewpartner, der den Dokumentarfilm eröffnet und schließt und ihm damit einen Kreislaufcharakter verleiht, der jede Hoffnung auf Fortsetzung zerstört, weil er der Sackgasse entspricht, in der sich die Protagonisten befinden. Dabei scheint das einzige Vergehen der Migranten auf der Suche nach besseren Lebensumständen – einige von ihnen sind auf der Flucht vor Bürgerkriegen und Hungersnöten, was ihnen erlauben würde, den Flüchtlingsstatus zu beantragen – der Wunsch zu sein, Europa zu erreichen. Bisweilen ist das angestrebte Ziel nicht einmal Europa: Einige wären damit zufrieden, sich in Nordafrika niederzulassen, das mehr Chancen bietet als viele Subsahara-Regionen. Doch werden die Migranten, nachdem sie in den «Abschiebelagern» als billige – oder eher kostenlose – Arbeitskraft ausgebeutet worden sind, zum Absender, also in ihre Heimatländer, zurückgeschickt – gemäß dem von der italienischen und der libyschen Regierung unterzeichneten Abkommen zur Zwangsausweisung; ein Abkommen, das es im Wesentlichen in den letzten Jahren den beiden beteiligten Ländern erlaubt hat, die Migrationsrouten im Mittelmeerraum zu kontrollieren.

Lampedusa bleibt in Segres Film eine Fata Morgana. Das, was diejenigen, die in Libyen festgehalten werden, nicht wissen, oder vielleicht nicht wahrhaben wollen – und was uns Segre in seinem nächsten Dokumentarfilm *Come un uomo sulla terra* (*Wie ein Mensch auf Erden*, 2009) zeigt –, ist die Tatsache, dass sie, selbst wenn sie es geschafft hätten, das Mittelmeer zu überqueren, für wer weiß wie lange in ein anderes Abschiebelager gesperrt worden wären: in das «Identifikations- und Abschiebezentrum» (Centro di Identificazione ed Espulsione), das früher als «Zentrum zur vorübergehenden Internierung» (Centro di Permanenza Temporanea) bezeichnet wurde. Es handelt sich, metaphorisch gesprochen, um eine Insel innerhalb der Insel des kristallklaren Wassers, ein Ort, an dem die Menschenrechte nicht immer beachtet werden, wo Flüchtlinge nicht selten in ihre Heimat zurückgeschickt werden, manchmal bevor sie überhaupt an Land gegangen sind, oder zu einem der anderen Verteilungszentren, die sich entlang der italienischen Küste erheben, umgeleitet werden, auch in diesem Fall auf unbestimmte Zeit. All dies ist, selbstverständlich, im Einklang mit den neuesten, aktuell gültigen Bestimmungen der italienischen Regierung zur Migrationspolitik.

Die hervorragende Dokumentation von Segre stellt viele Fragen und regt damit das Publikum zum Nachdenken an: Wer sind diese Migranten? Woher kommen sie? Was sind sie bereit zu opfern für die Hoffnung auf ein besseres Leben? Und vor allem: Was erreichen sie am Ende? Die Spannung des Films entsteht aus dem Gegensatz zwischen dem Verlangen, diese Fragen zu beantworten, und der Unmöglichkeit bzw. im Falle des Regisseurs regelrecht der Verweigerung, einfache und endgültige Antworten zu geben.

Es ist nicht Segres Absicht, ein akkurates, vollständiges und soziologisch gerahmtes Bild der Migration von Afrika nach Europa zu zeichnen. Er will keine gewissenhafte Erläuterung der politischen und wirtschaftlichen Umstände geben, denen die Migranten zu entfliehen versuchen. Und schon gar nicht will er in die verschlungenen Wege des Privatlebens seiner Protagonisten eindringen. Segre zeigt sein Gesicht nie und seine Stimme ist nur von Zeit zu Zeit zu hören, leise, wenn Fragen notwendig erscheinen, um die Antworten der Interviewten verständlicher zu machen. Und doch ist im Film eine Atmosphäre der Vertrautheit, sogar der Komplizenschaft, zu spüren. Die Nah- und Großaufnahmen, die beinahe in Flüsterton gehaltenen Interviews mit einigen Reisenden vermitteln das Gefühl, dass der Regisseur die Dimensionen der Reise mit seinen Protagonisten teilt. Einfühlsam lässt er uns die Last spüren, die geistige, psychische und körperliche Bürde, die die Migranten in sich tragen in jenem Leben, das notwendigerweise und unausweichlich ein Leben auf der Durchreise ist – ein Leben in ständiger Erwartung, wie Nuruddin Farah in Bezug auf die Somalier in der Diaspora sagte (Farah 2003). Segre ist nicht an dogmatischen Erklärungen interessiert; vielmehr ist es sein Ziel, die menschliche Erfahrung der Migrantenströme zu dokumentieren, die, aus allen Teilen Afrikas kommend, versuchen, das Mittelmeer zu überqueren, um nach Europa zu gelangen.

Überquerungen

Der Weg, den die Migranten des 21. Jahrhunderts einschlagen, ist so alt wie die Alte Welt. Wie Fabrizio Gatti in seinem bedeutenden Werk *Bilal* (2007) erklärt, das eine ähnliche Reise wie jene in *A sud di Lampedusa – Südlich von Lampedusa* nachzeichnet, ist von den nach Europa verschleppten afrikanischen Sklaven genau derselbe Weg genutzt worden, und er blieb noch in vielen folgenden Jahrhunderten vielbefahren. Es erzeugt ein unheilvolles Gefühl, sich bewusst zu machen, dass die mit Bleistift gezeichneten Bahnen, an die Segres Kamera bei jeder neuen Etappe der Reise heranzoomt, mit den alten Transsahara-Routen des Sklavenhandels übereinstimmen. Anscheinend hat sich das Verhältnis der beiden Kontinente zueinander im Jahrtausend der Globalisierung, in dem die Massenmigration bisher ungekannte weltweite Ausmaße angenommen hat, nicht wesentlich verändert.

Orte wie Lampedusa vermehren sich – bekanntlich nicht nur im Mittelmeerraum. Man geht heute davon aus, dass seit den 1970er Jahren Millionen afrikanischer Migranten die tausendjährigen Routen wieder eingeschlagen und das Mittelmeer überquert haben, oder es zumindest versucht haben. Im Mittelmeerraum nahm Europa seinen Anfang, erklärt Matvejević (1993 [1987]). Auf Kosten Afrikas, hatte vor ihm bereits Frantz Fanon in *Die Verdammten dieser Erde* (1966 [1961]) gesagt. Braudel unterstreicht, in seinem ständigen Bemühen, eine nicht-eurozentrische Geschichte des Mittelmeerraums zu schreiben, dass Europa ohne Afrika nicht Europa wäre (1990 [1949]). Es ergäbe in der Tat keinen Sinn, vom Mittelmeerraum zu sprechen, ohne den Einfluss, den Afrika auf Europa gehabt hat, auf seine Herausbildung und auf sein Wachstum, zu erwägen. Im Laufe der Jahrhunderte sind zwischen Afrika und Europa Gewürze, Gold, Erdgas, Erdöl, Propheten, Intellektuelle, Künstler, Sklaven und natürlich ein Meer von Erzählungen ausgetauscht worden. Dieser Austausch hat nicht nur zur Entwicklung einer reichen und vielfältigen mediterranen Kultur beigetragen, er hat auch ein großes Machtgefälle zwischen beiden aufrechterhalten, indem er das hervorgebracht hat, was Derrida, einer der großen Denker der Mittelmeerkultur, als «gewaltsame Hierarchien» bezeichnen würde. Die wichtigste dieser Hierarchien ist wahrscheinlich in

Lampedusa und das ‹Schwarze Mittelmeer› 27

der Tat diejenige, die den selbsternannten Hegemon Europa mit Afrika, dem unterworfenen Kontinent, verbindet.

Das Mittelmeer hat in diesem Verhältnis eine entscheidende Rolle gespielt. Der rege Seeverkehr hat Entwicklung und Wohlstand gebracht, v.a. nach Europa. Heute ist dieser gewinnbringende Handel mit Produkten, handgefertigten Erzeugnissen, Ideen, Völkern und Traditionen teilweise zum Menschenhandel verkommen.

Unter den Menschen, die aus wirtschaftlichen Gründen, als Saisonarbeiter oder als Flüchtlinge unter dem Schutz (oder Pseudoschutz) internationaler Gesetze nach Europa immigrieren, befinden sich viele, mit Papieren oder ohne, deren grundlegende Menschenrechte wiederholt missachtet werden. Zu den eklatantesten Fällen gehört die Ausbeutung – häufig minderjähriger – afrikanischer Frauen, die, einmal in Europa angekommen, von international agierenden kriminellen Netzwerken zur Prostitution ge-

Polizei auf Lampedusa (Foto: A. Di Maio)

zwungen werden. Illegale Einwanderung ist ein einträgliches Geschäft für den, der sie kontrolliert; und im Normalfall trägt Afrika die Kosten.

Das ist der Grund, weshalb ich von einem ‹Schwarzen Mittelmeer› spreche: um zu betonen, welche Bedeutung Afrika für den Unterhalt des europäischen Kontinents gehabt hat. Meine Formulierung ist insbesondere der Theorie des *Black Atlantic* – bzw. des Schwarzen Atlantik – von Paul Gilroy verpflichtet, von der sie inspiriert ist. Gilroy (1993) vertritt die These, dass die moderne Welt mit dem Aufkommen des atlantischen Dreieckshandels entstanden ist, jenem Sklavenhandel, den die Europäer am Morgen nach der ‹Entdeckung› – oder besser Eroberung – Amerikas praktizierten. Der Forscher bezieht sich auf ebendiese Dreiecksroute Europa-Afrika-Amerika, wenn er vom Schwarzen Atlantik spricht und damit eine Bezeichnung wählt, die die Rolle des sogenannten schwarzen Kontinents bei der Entwicklung des abendländischen Wohlstands und der Idee der Moderne selbst unterstreicht. Gilroy zufolge liegt dem Sklavenhandel zwischen Europa, Afrika und der sogenannten Neuen Welt der Kapitalismus zugrunde, das Wirtschaftssystem, auf dem die Neuzeit basiert. Die erste von der modernen kapitalistischen Welt organisierte wirtschaftliche, soziale und kulturelle Struktur ist im System der Plantagenwirtschaft zu suchen, das sich dank der Ausbeutung der vom afrikanischen Kontinent kommenden Sklaven und ihrer Nachfahren vom 16. Jahrhundert an sowohl in Nord-, als auch in Süd- und Zentralamerika, einschließlich der Karibik, entwickelt hat.

Tatsächlich, so Gilroy, stellt das Symbol für die wahre Grundlage des modernen Kapitalismus bereits das Sklavenhändlerschiff dar, das den Ozean mit seinem ‹Humankapital› an Bord überquert, mit zuvor gefangenen und versklavten Afrikanern, die nach Amerika deportiert werden, um dort als kostenlose Arbeitskräfte ausgebeutet zu werden. Das Bild des Schiffs, das «die Räume zwischen Europa, Amerika, Afrika und der Karibik durchkreuzt» ist für Gilroy ein «zentrales Symbol für die Organisation des Systems». Das Schiff ist, mit den Worten des Forschers gesprochen, «ein lebendiges mikrokulturelles und mikropolitisches System in Bewegung» (Gilroy 1993:4). Bei der Lektüre von Gilroy fällt es schwer, nicht an die vielen schwimmenden Kisten zu denken, die «carrette del mare», wie wir sie in Italien nennen (im Spanischen heißen sie «pateras»), die in unserer Zeit das Mittelmeer überqueren. Es fällt schwer, nicht an die Männer und Frauen zu denken, die mit der Hoffnung an Bord gehen, sich eine anständige, wenn auch schlecht bezahlte, Arbeit verschaffen zu können, wenn sie erst in Europa angelangt sein werden, vielleicht in einer Fabrik, auf einem Tomatenfeld oder als Haushaltshilfe bei einer Familie – und auf diese Weise dazu beitragen, das Getriebe des globalen Kapitalismus zu schmieren.

Ich bin der Überzeugung, dass so, wie in den vergangenen Jahrhunderten der Schwarze Atlantik die moderne kapitalistische Welt, den kolonialen Imperialismus und die westliche Fortschrittsidee hervorgebracht hat, heute das Schwarze Mittelmeer durch eine Massenmigration bisher ungekannten Ausmaßes die globale Zirkulation von Kapital-, Ressourcen- und Finanzströmen sicherstellt, oft missbräuchlich im Namen von Demokratie und allgemeiner Chancengleichheit. Wenn also der Atlantik mit seinem Sklavenhandel als der Ort der Moderne schlechthin angesehen werden kann, um den herum die einzelnen Staaten und Nationalkulturen aufgebaut worden sind, dann ist es heute folglich das Mittelmeer mit seinen Migrationsrouten, das sich als einer der bedeutendsten transnationalen Orte der Globalisierung der gegenwärtigen Welt durchsetzt.

Selbstverständlich habe ich nicht die Absicht, die unmenschliche und demütigende Erfahrung der Sklaverei mit der gleichwohl traumatischen und schmerzhaften Erfahrung der Migration gleichzusetzen. Dennoch wäre es heuchlerisch darüber hinwegzusehen, dass dem Schwarzen Atlantik und dem Schwarzen Mittelmeer eine dunkle Seite gemeinsam ist, eine ähnliche Verletzung der grundlegenden Menschen- und Persönlichkeitsrechte. In der Erfahrung des *harg* ist der Handel mit Menschen, vor allem mit Frauen und Minderjährigen, sowie die Abschiebung derer, die als illegale Einwanderer abgestempelt werden, obwohl sie mit Fug und Recht als Flüchtlinge betrachtet werden müssten, alltägliche Praxis.

Übersetzung: Elisa Unkroth

Anmerkungen

[1] *Corriere della Sera* vom 1.8.2011, «Migranti soffocati nella stiva. Gridavano per uscire», http://www.corriere.it/cronache/11_agosto_01/sbarchi-lampedusa-vittime_19261206-bc00-11e0-9ecf-692ab361efb9.shtml (1.10.2013).

[2] *Libération,* 5.8.2011, «La mort avant Lampedusa», www.liberation.fr/monde/01012352877-la-mort-avant-lampedusa (1.10.2013).

[3] Jozsef, Eric, «La tragédie des boat people de Libye», in *Libération,* 6.8.2011, www.liberation.fr/monde/01012352948-la-tragedie-des-boat-people-de-libye (1.10.2013).

«Aus Respekt angesichts dieser soundsovielten ‹Tragödie›: Kehrt um. Keine Besuche erlaubt.» (Quelle: umanitanova.org, n° 30)

Bibliographie

Braudel, Fernand: *Das Mittelmeer und die mediterrane Welt in der Epoche Philipps II.*, Frankfurt am Main: Suhrkamp, 1990. (*La méditerranée et le monde méditerranéen à l'époque de Philippe II*, Paris: Colin, 1949)

Fanon, Frantz: *Die Verdammten dieser Erde*. Frankfurt am Main: Suhrkamp, 1966. (*Les damnés de la terre*, Paris: Maspero, 1961)

Farah, Nuruddin: *Yesterday, tomorrow: Stimmen aus der somalischen Diaspora*. Frankfurt a. M.: Suhrkamp, 2003. (*Yesterday, tomorrow: voices from the Somali diaspora*. London: Cassell, 2000)

Gatti, Fabrizio: *Bilal: Als Illegaler auf dem Weg nach Europa*. München: Kunstmann, 2010. (*Bilal. Il mio viaggio da infiltrato nel mercato dei nuovi schiavi*, Milano: Rizzoli, 2007)

Gilroy, Paul: *The Black Atlantic. Modernity and double consciousness.* Cambridge, Mass.: Harvard University Press, 1993.

King, Russell: *The Mediterranean Passage. Migration and New Cultural Encounters in Southern Europe*. Liverpool: Liverpool University Press, 2001.

Matvejević, Predrag: *Der Mediterran: Raum und Zeit*. Zürich: Ammann, 1993. (*Mediteranski Brevijar*. Zagreb: Grafički zavod Hrvatske, 1987)

Pandolfo, Stefania: «‹he Burning. Finitude and the Political-Theological Imagination of Illegal Migration», in: *Anthropological Theory* 7,3 (2007), S. 329-363.

Portelli, Alessandro: «Mediterranean Passage: The Beginnings of an African Italian Literature and the African American Example», in: Diedrich, M., Gates Jr., H. L., Pedersen, C. (Hrsg.): *Black Imagination and the Middle Passage*. Oxford: Oxford University Press, 1999, S. 282-304.

Sassen, Saskia: *Guests and Aliens*. New York: The New Press, 1999.

THEMEN DER ITALIANISTIK
Jetzt NEU im Gunter Narr Verlag

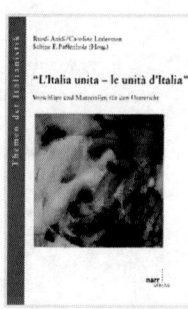

Ruedi Ankli / Caroline Lüderssen
Sabine E. Paffenholz (Hrsg.)

"L'Italia unita – le unità d'Italia"

Vorschläge und Materialien
für den Unterricht

Themen der Italianistik, Vol. 10
2014, 130 Seiten, €[D] 29,00
ISBN 978-3-8233-6878-6

Der Band enthält die Beiträge der Sektion Didaktik anlässlich des Hamburger Italianistentages vom 1. bis 3. März 2012. Das Thema »L'Italia unita – le unità d'Italia« wird unter verschiedenen literatur-, medien- und sprachdidaktischen sowie landeskundlichen und interkulturellen Aspekten beleuchtet. Dabei reichen die Betrachtungen von eher theoretischen Überlegungen über ausgearbeitete Vorschläge für die Praxis bis hin zu Lehrerfahrungen mit konkret beschriebenen Unterrichtseinheiten. Neben Überlegungen zu »Einheit, Identität, italianità« in Canzoni, in Fernsehsendungen und Romanen werden italienische Filme genauer analysiert. Ein wesentlicher Teil dieser Beiträge setzt sich direkt oder indirekt mit den 150 Jahren Geschichte der Einheit sowie mit der regionalen Vielfalt Italiens auseinander.

Narr Francke Attempto Verlag GmbH+Co. KG • D-72070 Tübingen
Tel. +49 (0)7071 9797-0 • Fax +49 (0)7071 97 97-11 • www.narr.de

Aldo Ferrari

San Lazzaro, die Insel der Armenier in Venedig

> Isoletta venuta dall'Oriente Kleine Insel vom Orient gekommen
> galleggiando   schwimmend
> e rimasta incantata   und verzaubert innehaltend
> davanti a Venezia   vor Venedig
>   Aldo Palazzeschi

Unter den vielen Reichtümern Venedigs nimmt San Lazzaro degli Armeni einen besonderen Platz ein. Die kleine Insel (s. Umschlagsbild unseres Heftes) in unmittelbarer Nähe des Lido beherbergt in der Tat seit etwa drei Jahrhunderten ein armenisches Kloster: Eine Tatsache von großer Bedeutung für die Armenier, wie wir sehen werden, aber auch ein bedeutsames Zeugnis der jahrhundertelangen Öffnung Venedigs zum Orient.

Venedig und die Armenier

Die Geschichte beginnt 1717, als, abweichend von einem Gesetz, das die Schaffung neuer klösterlicher Einrichtungen in Venedig verbot, die Serenissima dem jungen armenischen Mönch Mechitar di Sebaste (1676-1749)[1] ein solches Privileg zugestand und ihm die Insel San Lazzaro schenkte.

Um diesen Akt der Großzügigkeit zu verstehen, muss man sich die historische Bedeutung der Beziehungen zwischen Venedig und den Armeniern vergegenwärtigen,[2] Beziehungen, die nahezu auf die Anfänge der Lagunenstadt zurückgehen und über Jahrhunderte ohne Unterbrechung fortdauerten. Der Beitrag der armenischen örtlichen Gemeinde nahm sogar in dem Maße, wie der Niedergang der Serenissima fortschritt, immer größere Proportionen an, besonders zur Zeit des Krieges von Candia (1649-1665). Verschiedene offizielle Dokumente sprechen von den Armeniern als von «einem verdienstvollen und besonders geschätzten Volk»[3] in Venedig. Überdies hatten die Armenier im diplomatischen wie im wirtschaftlichen Bereich eine bedeutende Rolle als Vermittler zwischen Venedig und Persien inne, geeint durch den gemeinsamen ottomanischen Feind. Dieses war vor allem das Verdienst der Kaufleute aus Nova Giulfa, einem Stadtteil der persischen Hauptstadt Isfahan. Sie spielten im 17. und 18. Jahrhundert eine grundlegende Rolle im Handel zwischen Orient und Okzident, bewahrten sie doch in Venedig einen ihrer wichtigsten Bezugspunkte.[4] Der exemplarische Fall der Familie Sharimanean (Sceriman), die, aus Nova Giulfa kommend, sich in Venedig niederließ und eines der größten Handelsunternehmen Europas jener Zeit gründete, ist wohlbekannt.[5]

Die – auch kulturelle – Lebendigkeit der Gemeinde in Venedig wird durch die Tatsache bezeugt, dass gerade hier das armenische Druckereiwesen entstand, und zwar durch die rätselhaften Gestalt des Hakob Meghapart (Jakob der Sünder), der 1512 und 1513 fünf Bücher veröffentlichte, um dann im Nichts zu verschwinden.[6]

San Lazzaro und die armenische Kultur

Es ist also sicher kein Zufall, dass eben in jenem Venedig, das – obwohl bereits im Untergang befindlich – noch seine Handels- und Kulturbeziehungen mit dem Orient bewahrte, der Abt Mechitar das klösterliche Zentrum von San Lazzaro gründen konnte.[7]

Im 11. Jahrhundert war die Insel Sitz eines Benediktinerklosters, hatte danach ein Leprahospital aufgenommen und daher den Namen des Bettlers San Lazzaro erhalten, des Schutzpatrons der Leprakranken. Im 16. Jahrhundert war es zu einem Hospiz für Arme und Kranke geworden, während es im darauffolgenden Jahrhundert die aus Kreta vertriebenen Dominikaner aufgenommen hatte. Zu Beginn des 18. Jahrhunderts war die Insel völlig unbewohnt und verwahrlost. Nachdem Mechitar sie in Besitz genommen hatte, begann er mit seinem unvergleichlichen Werk im Dienste des armenischen Volkes auf der Basis dessen, was als «a full Christian humanism»[8] bezeichnet wurde – begründet auf der religiösen Tradition, jedoch offen für jeden Aspekt des modernen sozialen und kulturellen Lebens. Die Tätigkeit des Mechitar und seiner Schüler setzte sich als Hauptziel den kulturellen Fortschritt des armenischen Volkes und die Erweiterung seiner geistlichen Horizonte, aber auch die Verbesserung seiner konkreten Lebensbedingungen, seiner sozio-ökonomischen Entwicklung.[9]

Das Werk der Mechitaristen muss also als ein entscheidender Augenblick im Modernisierungsprozess der armenischen Kultur gewertet werden, der nicht zufällig in Venedig begann, einem im Hinblick auf Diaspora und Geographie ‹exzentrischen› Ort im Vergleich zum Mutterland, der jedoch gleichzeitig mit vielen Fäden an den Nahen Osten gebunden und deshalb für ihr Projekt äußerst zweckdienlich war. Unter den Hauptzielen des Werks Mechitars und seiner Schüler seien genannt: a) die Bewahrung der klassischen armenischen Tradition mittels einer imposanten Tätigkeit des Sammelns von antiken Manuskripten und der Edierung von Werken aus der Vergangenheit; b) die Verbreitung der westlichen Kultur unter den Armeniern mittels einer beeindruckenden Übersetzertätigkeit aus antiken und modernen Sprachen; c) die historische, religiöse und kulturelle Vertiefung der armenischen Tradition mit dem Ziel der Bildung eines den Zeitläuften angepassten Nationalbewusstseins; und d) die Verbreitung der armenischen Kultur im Okzident.

Um diese Ziele zu erreichen, entwickelten die Mechitaristen eine unermüdliche Publikationstätigkeit, zunächst mit Hilfe einiger venezianischer Typographien, dann – ab 1879 – mittels der polyglotten Druckerei von San Lazzaro, die zahlreiche Bücher in 38 Sprachen und 10 Alphabeten herausbrachten.

Eben dank ihrer intensiven Kulturarbeit wurde die mechitaristische Gemeinschaft während der napoleonischen Invasion verschont. Obwohl Napoleon befohlen hatte, sämtliche Klöster Venedigs zu schließen, wurde San Lazzaro ausgespart, weil es als eine in jeder Hinsicht wissenschaftliche Akademie eingeschätzt wurde, die als solche den Schutz des Kaisers genießen durfte.[10]

Das Kloster San Lazzaro war so für lange Zeit das Ausstrahlungszentrum der kulturellen Erneuerung, die von den Mechitaristen in der gesamten armenischen Welt vorangebracht wurde. Außer an die Bücher und deren wohlorganisierte Verbreitung in alle armenischen Gemeinden, muss man auch an die grundlegende Rolle der Zeitungspresse mit einer ganzen Anzahl von Zeitschriften erinnern. Die wichtigste, *Bazmavep*, erscheint seit 1843 ohne Unterbrechung bis heute und hält somit den Rekord aller in Italien veröffentlichten Zeitschriften.

Ein anderer wesentlicher Kanal für die kulturelle Förderung seitens der mechitaristischen Kongregation war die Aktivität der zahlreichen Kollegien, welche bei den Armeniern des ottomanischen und des russischen Reiches sowie in der Diaspora die moderne Bildung einführten. Besonders im Collegio Moorat-Raphael von Venedig hat ein guter Teil der armenischen intellektuellen Elite studiert. Die Studenten dieses Collegio setzten häufig ihre Ausbildung an den Universitäten Padua, Bologna, Paris, Berlin u.a. fort, wobei sie später die moderne Kultur in den Ursprungsterritorien verbreiteten und deshalb häufig als ‹Europäer in Asien› betrachtet wurden.[11]

San Lazzaro pflegt überdies eine lange Tradition der Aufnahme von ausländischen Studenten und Gästen. Deren berühmtester war zweifellos Lord Byron, der dort 1812[12] das Armenische studierte und später von dem armeno-russischen Maler Ivan Ajvazovskij (ein Bruder war Mitglied des mechitaristischen Ordens) portraitiert wurde

San Lazzaro heute

Auch wenn der Mechitaristen-Orden seit etlicher Zeit nicht mehr die kulturelle Rolle innehat wie in der Vergangenheit, so bleibt San Lazzaro doch auch heute ein wichtiger Ort für die armenische Identität, und wird oft als eine Art Vorposten in Richtung Okzident angesehen. In einer Gedichtsammlung, die er zum 250. Jahrestag der Gründung von San Lazzaro verfasste, widmete der armenische Dichter Hovannes Shiraz (1915-1984) dem Kloster ein Gedicht mit dem Titel «Außerhalb des Vaterlandes, für das Vaterland», das mit diesen Versen beginnt:

San Lazzaro, die Insel der Armenier in Venedig 37

Abb. 1 Denkmal von Abt Mechitar. Foto: Hildegard Heydenreich (2007)

Isola armena in acque straniere   Armenische Insel in fremden Gewässern
Con te si rinnova la luce dell'Armenia   Mit dir erneuert sich das Licht Armeniens –

Worte, die sowohl die ‹exzentrische› Lage von San Lazzaro zum Ausdruck bringen, als auch seine ‹erleuchtende› Rolle, dank derer das ‹Licht› erneuert wurde, das den Armeniern von San Gregorio Illuminatore gebracht wurde, der in den ersten Jahren des 4. Jahrhunderts dieses Volk zum Christentum bekehrt hatte.

In der Tat ermöglicht ein Besuch von San Lazzaro, einen ersten und wichtigen Schritt hin zur tausendjährigen armenischen Kultur zu vollziehen. Kaum dem Vaporetto, der die Insel mit San Marco verbindet, entstiegen, trifft man (Abb. 1) auf die Bronzestatue des Abtes Mechitar und auf ein eindrucksvolles *Khachkar*, das große Steinkreuz, vorran-

Abb. 2 San Lazzaro Innenhof. Foto: Hildegard Heydenreich (2007)

gigstes Erzeugnis der armenischen Sakralkunst, das ureigenste Symbol für den beharrlichen und schöpferischen Glauben dieses Volkes. Nach Durchquerung eines wunderschönen Kreuzganges (Abb. 2) betritt man die dreihundert Jahre alte Kirche des Klosters. Sie ist in gotischem Stil gebaut und weist keines der Charakteristika der originellen armenischen Architektur auf. Im Inneren aber werden die religiösen Feiern nach der alten armenischen, suggestiven Liturgie zelebriert, der Schöpfung einer orientalischen Christenheit, die bis hin zum Genozid von 1915 furchtbare historische Prüfungen überlebt hat.

In San Lazzaro befindet sich auch ein bemerkenswertes Museum, das die seit Jahrhunderten von der Kongregation erworbenen Stücke beherbergt. Viele davon sind von großem Wert; unter ihnen eine ägyptische Mumie aus dem 14. Jahrhundert vor Christus.[14] Ein Saal des Museums ist der armenischen Kunst und Geschichte gewidmet, während in der Pinakothek mehrere Gemälde namhafter, vor allem armenischer und italienischer Maler hängen (etwa von Luca Longhi, Francesco Zugno, Bernardo Strozzi und Sebstiano Ricci).[15]

Aber die Hauptattraktion von San Lazzaro ist zweifellos seine Bibliothek, die über 150.000 Bände enthält. Das Buch stellt traditionell den wertvollsten Schatz der armenischen Kultur dar, die ihm gegenüber eine Haltung von besonderem Respekt, fast von Kult einnimmt.[16] Von spezieller Bedeutung ist die Sammlung von Manuskripten. Sie ist in einem neuen zweckdienlichen, an der klassischen armenischen Architektur inspirierten Gebäude untergebracht, das etwa 4500 Texte enthält, die einen Zeitraum vom 6. bis zum 18. Jahrhundert umfassen. Es handelt sich um die größte im Okzident bewahrte Sammlung armenischer Manuskripte.[17]

Auch wenn man sich schwerlich einen größeren Gegensatz vorstellen kann als den zwischen dem rauen Hochgebirge Armeniens – Jahrhunderte hindurch von Invasionen, Kriegen und Massakern heimgesucht – und dieser kleinen, heiteren venezianischen Insel, stellt San Lazzaro tatsächlich eine Art von äußerstem Ausläufer der jahrtausendealten armenischen Kultur und der zahllosen Fäden dar, die von dieser abzweigen und die dabei ferne Ufer berühren und sich mit anderen Schicksalen überschneiden – insbesondere mit denen eines immer aufnahmefähigen, den unterschiedlichsten Einflüssen gegenüber offenen Venedig, getreu seiner jahrhundertelangen Berufung als Ort der Ankunft, der Begegnung und des Aufbruchs.

Übersetzung: Hildegard Heydenreich

Anmerkungen

[1] Über Mechitar und die Rolle der Mechitaristen bei der Entstehung der modernen armenischen Kultur siehe K. B. Bardakjian: *The Mekhitarist Contribution to Armenian Culture and Scholarship.* Cambridge (Mass.) 1976; B. L. Zekiyan: *Mechitar di Sebaste rinnovatore e pioniere*, San Lazzaro-Venezia, 1977; R. P. Adalian, *From Humanism to Rationalism: Armenian Scholarship in the Nineteenth Century*, Atlanta (Ge.) 1992; B. L. Zekiyan, A. Ferrari (Hrsg.): *Gli Armeni e Venezia. Dagli Sceriman a Mechitar: il momento culminante di una consuetudine millenaria*, Venezia 2004.

[2] Über die Beziehung zwischen Venedig und den Armeniern sind von besonderer Bedeutung die Studien von B. L. Zekiyan: «Le colonie armene del medioevo in Italia e le relazioni culturali italo-armene», in *Atti del primo Simposio Internazionale di Arte Armena.* Venezia-San Lazzaro 1978, v.a. S. 886-890; «Gli Armeni a Venezia e nel Veneto e San Lazzaro degli Armeni», in: ders. (Hrsg.), *Gli Armeni in Italia*, Roma 1990, S. 40-49; «Tra il Padus e l'Araxes. Venezia e gli Armeni», in: ders. (Hrsg.), *La via della seta e Venezia*, Roma 1990, S. 93-106; sowie ferner A. Hermet, P. Cogni Ratto di Desio, *La Venezia degli armeni. Sedici secoli tra storia e leggenda.* Milano 1996², B. Sivazliyan: *Del Veneto, dell'Armenia e degli Armeni*, Treviso 2000 und A. Arslan: «Gli armeni a Venezia: una storia esemplare», in: *Quaderni dell'ADREV*, 6 (2001), Nr. 7, S. 121-134.

[3] Vgl. Gh.. Ališan, *Sisakan*, Venezia-San Lazzaro 1893, S. 447-448.

[4] E. Tajiryan, «Il trasferimento del capitale commerciale armeno nei secoli XVII-XVIII (Nuova Giulfa-Venezia)», in: Cl. Mutafian (Hrsg), *Roma – Armenia*, Roma 1999, S. 290-292.

[5] Zu Informationen über diese Familie sei verwiesen auf die Studien von C. Gugerotti («Una famiglia emblematica: gli Sceriman tra Isfahan e Venezia», in: *Gli Armeni in Italia*, a.a.O., S. 108-109), C. Bonardi («Gli Sceriman di Venezia da mercanti a

possidenti», in: B. L. Zekiyan (Hrsg.), *Ad Limina Italiae. In viaggio per l'Italia con mercanti e monaci armeni*, Padova 1996, S. 229-250 und Sh. Khachikyan («La casa commerciale degli Shahrimanian ed i suoi legami con l'Italia», in: Cl. Mutafian (Hrsg.), *Roma – Armenia*, a.a.O., S. 304-305.

[6] Vgl. B. Sivazliyan, «Venezia per l'Oriente: la nascita del libro armeno», in: S. Abbiati (Hrsg.), *Armeni, Ebrei, Greci, Stampatori a Venezia*. San Lazzaro-Venezia 1989, S. 23-29; ders., «La nascita dei primi libri armeni a stampa nel cuore della Serenissima», in: *Gli Armeni in Italia*, a.a.O., S. 94-99.

[7] Vgl. M. Maguolo, M. Bandera (Hrsg), *San Lazzaro degli Armeni. L'isola, il monastero, il restauro*, Venezia 1999.

[8] Vgl. B. L. Zekiyan, *The Armenian Way to Modernity. Armenian Identity Between Tradition and Innovation, Specificity and Universality*, Venezia 1997, S. 52.

[9] Vgl. B. L. Zekiyan, *Mechitar rinnovatore e pioniere*, a.a.O., S. 31.

[10] Vgl, A. Peratoner (Hrsg.), *Dall'Ararat a San Lazzaro. Una culla di spiritualità e cultura armena nella laguna di Venezia*, Venezia 2006, S. 125-126.

[11] Vgl. A. Arslan, «A scuola dai Mechitaristi: le scuole mechitariste nel Veneto protagoniste del Risveglio armeno dell'Ottocento», in: Zekiyan/Ferrari *Gli Armeni a Venezia*, a.a.O., SS. 269-278.

[12] Vgl. B. Bolognesi, «Byron e l'armeno», in: *Aevum* 71 (1997), S. 755-768.

[13] Vgl.. M. Maguolo/M. Bandera, *San Lazzaro degli Armeni*, a.a.O.; A. Peratoner, *Dall'Ararat a San Lazzaro*. a.a.O.; G. Vigo, *I tesori di San Lazzaro degli Armeni*, Milano 2011.

[14] Vgl.. A. Peratoner, .a.a.O., S. 164-16.

[15] Ibidem, S. 157-162.

[16] Über das armenische Buch sei besonders verwiesen auf den Katalog zu der in Venedig organisierten Ausstellung anlässlich des 500. Jahrestages des ersten gedruckten armenischen Buches: G. Uluhogian, B. L. Zekiyan, V. Karapetyan (Hrsg.), *Armenia. Impronte di una civiltà*, Milano 2011.

[17] Vgl. A. Peratoner (a.a.O.), S. 174-175.

Altiero Spinelli / Ernesto Rossi

Il Manifesto di Ventotene

[...]

Il problema che in primo luogo va risolto, e fallendo il quale qualsiasi altro progresso non è che apparenza, è la definitiva abolizione della divisione dell'Europa in stati nazionali sovrani. Il crollo della maggior parte degli stati del continente sotto il rullo compressore tedesco ha già accomunato la sorte dei popoli europei, che, o tutti insieme soggiaceranno al dominio hitleriano, o tutti insieme entreranno, con la caduta di questo in una crisi rivoluzionaria in cui non si troveranno irrigiditi e distinti in solide strutture statali. Gli spiriti sono già ora molto meglio disposti che in passato ad una riorganizzazione federale dell'Europa. La dura esperienza degli ultimi decenni ha aperto gli occhi anche a chi non voleva vedere ed ha fatto maturare molte circostanze favorevoli al nostro ideale.

Tutti gli uomini ragionevoli riconoscono ormai che non si può mantenere un equilibrio di stati europei indipendenti, con la convivenza della Germania militarista a parità di condizioni degli altri paesi, né si può spezzettare la Germania e tenerle il piede sul collo una volta che sia vinta. Alla prova, è apparso evidente che nessun paese in Europa può restarsene da parte mentre gli altri si battono, a niente valendo le dichiarazioni di neutralità e di patti di non aggressione. È ormai dimostrata l'inutilità, anzi la dannosità di organismi sul tipo della Società delle Nazioni, che pretendano di garantire un diritto internazionale senza una forza militare capace di imporre le sue decisioni e rispettando la sovranità assoluta degli stati partecipanti. Assurdo è risultato il principio del non intervento, secondo il quale ogni popolo dovrebbe essere lasciato libero di darsi il governo dispotico che meglio crede, quasi che la costituzione interna di ogni singolo stato non costituisse un interesse vitale per tutti gli altri paesi europei. Insolubili sono diventati

Altiero Spinelli / Ernesto Rossi

Das Manifest von Ventotene

Das Problem, das als erstes gelöst werden wird und bei dessen Scheitern jeder andere Fortschritt nichts als äußerer Schein sein wird, ist die endgültige Abschaffung der Aufteilung Europas in souveräne Nationalstaaten. Der Zusammenbruch des größten Teils der Staaten des Kontinents unter der erdrückenden deutschen Walze hat das Schicksal der europäischen Völker bereits miteinander verbunden, die alle zusammen der hitlerschen Übermacht unterliegen werden oder alle zusammen bei dessen Sturz in eine revolutionäre Krise eintreten werden, in der sie sich nicht verfestigt und voneinander verschieden in soliden Staatsstrukturen befinden werden. Der Geist ist heute schon weit eher als in der Vergangenheit bereit zu einer föderalen Neuorganisation Europas. Die harte Erfahrung der letzten Jahrzehnte hat die Augen auch denen geöffnet, die nicht sehen wollten, und hat viele Umstände reifen lassen, die günstig für unsere Ideale sind.

Alle vernünftigen Menschen erkennen inzwischen an, dass man kein Gleichgewicht unabhängiger europäischer Staaten und ein Zusammenleben mit einem, den anderen Ländern Europas gleichberechtigten militaristischen Deutschland unterhalten kann, aber auch, dass man Deutschland nicht zerstückeln und ihm den Fuß in den Nacken setzen kann, wenn es einmal besiegt sein wird. Vielmehr hat sich erwiesen, dass kein Land in Europa beiseite stehen kann, während die anderen kämpfen, ungeachtet der Neutralitätserklärungen und Nichtangriffspakte. Die Nutzlosigkeit, ja sogar Gefährlichkeit von Organisationen wie dem Völkerbund, die vorgeben, das internationale Recht bei völliger Souveränität der Mitgliedstaaten und ohne militärische Macht zu gewährleisten, die imstande ist, Entscheidungen durchzusetzen, ist längst bewiesen. Das Ergebnis des Prinzips des Nichteingreifens ist absurd, demzufolge jedes Volk frei sein müsste, sich die despotische Regierung zu geben, die es für richtig hält, als ob am inneren Zustand jedes einzelnen Staates nicht alle anderen europäischen Länder ein vitales Interesse besäßen. Unlösbar sind die zahlreichen Probleme geworden, die das in-

i molteplici problemi che avvelenano la vita internazionale del continente – tracciato dei confini nelle zone di popolazione mista, difesa delle minoranze allogene, sbocco al mare dei paesi situati nell'interno, questione balcanica, questione irlandese, ecc. – che troverebbero nella Federazione Europea la più semplice soluzione – come l'hanno trovata in passato i corrispondenti problemi degli staterelli entrati a far parte della più vasta unità nazionale avendo perso la loro acredine, col trasformarsi in problemi di rapporti fra le diverse provincie.

D'altra parte, la fine del senso di sicurezza dato dalla inattaccabilità della Gran Bretagna, che consigliava agli inglesi la «splendid isolation», la dissoluzione dell'esercito e della stessa repubblica francese al primo serio urto delle forze tedesche (risultato che è da sperare abbia di molto smorzata la convinzione sciovinista dell'assoluta superiorità gallica) e specialmente la coscienza della gravità del pericolo corso di generale asservimento, sono tutte circostanze che favoriranno la costituzione di un regime federale, che ponga fine all'attuale anarchia. E il fatto che l'Inghilterra abbia ormai accettato il principio dell'indipendenza indiana, e la Francia abbia potenzialmente perduto col riconoscimento della sconfitta tutto il suo impero, rendono più agevole trovare anche una base di accordo per una sistemazione europea nei possedimenti coloniali.

A tutto ciò va aggiunta infine la scomparsa di alcune delle principali dinastie ,e la fragilità delle basi che sostengono quelle superstiti. Va tenuto conto infatti che le dinastie, considerando i diversi paesi come proprio tradizionale appannaggio, rappresentavano, con i poderosi interessi di cui eran l'appoggio, un serio ostacolo alla organizzazione razionale degli Stati Uniti d'Europa, i quali non possono poggiare che sulla costituzione repubblicana di tutti i paesi federati. E quando, superando l'orizzonte del Vecchio continente, si abbraccino in una visione di insieme tutti i popoli che costituiscono l'umanità, bisogna pur riconoscere che la Federazione Europea è l'unica garanzia concepibile che i

ternationale Leben des Kontinents vergiften – die Grenzziehung in Zonen mit gemischter Bevölkerung, die Verteidigung fremdstämmiger Minderheiten, der Meereszugang von Binnenländern, die Balkanfrage, die Irlandfrage, usw. –, die in der Europäischen Föderation die einfachste Lösung fände, wie es in der Vergangenheit die entsprechenden Probleme der Kleinstaaten gefunden haben, die Teil einer größeren nationalen Einheit wurden: sie verloren an Schärfe, indem sie sich in Probleme der Beziehungen zwischen unterschiedlichen Provinzen verwandelten.

Das Ende des Sicherheitsgefühls, das von der Unangreifbarkeit Großbritanniens herrührte und den Engländer die «splendid isolation» anempfahl, die Auflösung des Heeres, ja der ganzen Französischen Republik beim ersten ernsthaften Zusammenprall mit den deutschen Streitkräften (ein Ergebnis, das hoffentlich die chauvinistische Überzeugung von der absoluten gallischen Überlegenheit erheblich gedämpft hat) und vor allem das Bewusstsein vom Ausmaß der Gefahr einer allgemeinen Knechtschaft, das sind auf der anderen Seite alles Umstände, die die Bildung eines föderalen Regimes begünstigen werden, das der gegenwärtigen Anarchie ein Ende bereiten muss. Die Tatsache, dass England bereits das Prinzip der indischen Unabhängigkeit akzeptiert hat, und dass Frankreich mit der Anerkennung seiner Niederlage potentiell sein ganzes Reich verloren hat, machen es leichter, auch eine Verständigungsbasis für eine europäische Ordnung in den Kolonialbesitztümern zu erreichen.

Zu all dem kommt noch das Verschwinden einiger der wichtigsten Fürsten- und Königshäuser hinzu, und die Brüchigkeit der Basis, die die überlebenden erhält. Man muss sich vor Augen halten, dass die Dynastien, die die verschiedenen Länder als ihren eigenen traditionellen Besitz betrachten, mit den mächtigen Interessen, deren Unterstützer sie waren, ein ernsthaftes Hindernis bei der rationalen Organisation der Vereinigten Staaten von Europa darstellten, die sich nur auf die republikanische Verfassung aller föderalen Länder stützen kann. Und wenn, jenseits des Horizonts des Alten Kontinents, sich in einer Gesamtvision alle Völker umarmen sollten, die die Menschheit ausmachen, so muss man doch anerkennen, dass die Europäische Föderation die einzig denkbare Garantie darstellt, damit sich die Beziehungen mit den asiatischen und amerikanischen Völkern auf der Grundlage einer friedlichen Kooperation entwickeln können, in

rapporti con i popoli asiatici e americani si possano svolgere su una base di pacifica cooperazione, in attesa di un più lontano avvenire, in cui diventi possibile l'unità politica dell'intero globo.

La linea di divisione fra i partiti progressisti e partiti reazionari cade perciò ormai non lungo la linea formale della maggiore o minore democrazia, del maggiore o minore socialismo da istituire, ma lungo la sostanziale nuovissima linea che separa quelli che concepiscono come fine essenziale della lotta quello antico, cioè la conquista del potere politico nazionale – e che faranno, sia pure involontariamente il gioco delle forze reazionarie, lasciando solidificare la lava incandescente delle passioni popolari nel vecchio stampo, e risorgere le vecchie assurdità – e quelli che vedranno come compito centrale la creazione di un solido stato internazionale, che indirizzeranno verso questo scopo le forze popolari e, anche conquistato il potere nazionale, lo adopereranno in primissima linea come strumento per realizzare l'unità internazionale.

Con la propaganda e con l'azione, cercando di stabilire in tutti i modi accordi e legami tra i singoli movimenti che nei vari paesi si vanno certamente formando, occorre sin d'ora gettare le fondamenta di un movimento che sappia mobilitare tutte le forze per far nascere il nuovo organismo che sarà la creazione più grandiosa e più innovatrice sorta da secoli in Europa; per costituire un saldo stato federale, il quale disponga di una forza armata europea al posto degli eserciti nazionali; spezzi decisamente le autarchie economiche, spina dorsale dei regimi totalitari; abbia gli organi e i mezzi sufficienti per far eseguire nei singoli stati federali le sue deliberazioni dirette a mantenere un ordine comune, pur lasciando agli stati stessi l'autonomia che consenta una plastica articolazione e lo sviluppo di una vita politica secondo le peculiari caratteristiche dei vari popoli.

Se ci sarà nei principali paesi europei un numero sufficiente di uomini che comprenderanno ciò, la vittoria sarà in breve nelle loro mani, poiché la situazione e gli animi saranno favorevoli alla loro opera. Essi

der Erwartung einer ferneren Zukunft, in der die politische Einheit des ganzen Globus möglich sein wird.

Die Trennungslinie zwischen progressiven und reaktionären Parteien verläuft jedoch längst nicht mehr entlang der formalen Linie der größeren oder kleineren Demokratie, des größeren oder kleineren zu errichtenden Sozialismus, sondern entlang der ganz neuen entscheidenden Linie, die diejenigen trennt, die als grundlegendes Ziel des Kampfes jenes alte ansehen, das heißt, die Eroberung der nationalen politischen Macht – und die damit, wenn auch unfreiwillig, das Spiel der reaktionären Kräfte betreiben, indem sie die langsam erkaltende Lava der Volksleidenschaften im alten Bett sich festigen lassen und die alten Absurditäten wiederauferstehen lassen –, und denjenigen, die als zentrale Aufgabe die Schaffung eines soliden internationalen Staates sehen, auf dessen Ziel hin sie die Volkskräfte richten und, auch wenn sie die nationale Macht errungen haben, diese in allererster Linie als ein Instrument benutzen, um die internationale Einheit zu verwirklichen.

Mit Propaganda und Aktion und im Versuch, auf jede Weise Übereinkünfte und Verbindungen zwischen den einzelnen Bewegungen zu stabilisieren, die sich sicherlich in den einzelnen Ländern bilden werden, muss von jetzt an die Grundlage einer Bewegung gelegt werden, der es gelingt, alle Kräfte zu mobilisieren, um jener neuen Organisation zum Leben zu verhelfen, die die grandioseste und innovativste Schöpfung sein wird, die seit Jahrhunderten aus Europa hervorgegangen ist; um einen starken föderalen Staat zu schaffen, der über eine europäische bewaffnete Macht anstelle der nationalen Heere verfügt; der entschieden die wirtschaftliche Autarkie, das Rückgrat totalitärer Regime, zertrümmert; der die Organe und ausreichende Mittel besitzt, um in den einzelnen föderalen Staaten die Maßnahmen durchführen zu können, um eine gemeinsame Ordnung zu erreichen, auch wenn er den Staaten selbst die Autonomie belässt, die eine modellierbare Artikulation und die Entwicklung eines politischen Lebens entsprechend der besonderen Kennzeichen der verschiedenen Völker erlaubt.

Wenn in den europäischen Hauptländern eine hinreichende Anzahl von Menschen vorhanden sein wird, die dies verstehen, so wird der Sieg in kurzer Zeit in deren Hand liegen, denn die Situation und der Geist werden ihrem Werk günstig sein. Gegen sich werden sie Parteien und Strömungen haben, die von der

avranno di fronte partiti e tendenze già tutti squalificati dalla disastrosa esperienza dell'ultimo ventennio. Poiché sarà l'ora di opere nuove, sarà anche l'ora di uomini nuovi: del MOVIMENTO PER L'EUROPA LIBERA ED UNITA.

Text nach: Altiero Spinelli / Ernesto Rossi: *Il Manifesto di Ventotene*. Prefazione di Eugenio Colorni. Presentazione di Tommaso Padoa-Schioppa. Con un saggio di Lucio Levi. Milano: Arnaldo Mondadori Editore 2006. S. 23-26.

Ernesto Rossi (Quelle: wikimedia.org)

desaströsen Erfahrung der letzten zwanzig Jahre alle bereits disqualifiziert sind. Weil dies die Stunde neuer Werke sein wird, wird es auch die Stunde neuer Menschen sein: der BEWEGUNG FÜR EIN FREIES UND VEREINTES EUROPA.

Übersetzung: Thomas Bremer

DAS MANIFEST VON VENTOTENE
LE MANIFESTE DE VENTOTENE
IL MANIFESTO DI VENTOTENE
THE MANIFESTO OF VENTOTENE
MANIFESTO DE VENTOTENE

Vierzig Jahre später: eine fünfsprachige Ausgabe mit Widmung Spinellis, 1981

Italianistik bei Stauffenburg

Giovanni Pascoli

Poemi Conviviali – Gastmahlgedichte

Italienisch-deutsche Ausgabe
Übersetzt und mit einem Nachwort versehen von Willi Hirdt

2010, Nachdruck der 1. Auflage 2000
XXII, 330 Seiten, kart.
ISBN 978-3-86057-070-8   EUR 40,–

Giovanni Pascolis *Poemi Conviviali* entstehen und wurzeln im Klima einer allgemeinen Krise des abendländischen Bewusstseins. Der 1904 abgeschlossene lyrisch-epische Gedichtzyklus gründet auf antiken Mythen. Seine im wesentlichen chronologisch angeordneten Episoden erstrecken sich von homerischer Zeit bis zum römischen Imperium mit dem sich ankündigenden Christentum. Das Mythische wird in den *Poemi Conviviali* zum Inbegriff zeitloser menschlicher Erlebnis- und Denkstrukturen, menschlicher Welterfahrung und Weltdeutung.

Die *Poemi Conviviali* erscheinen hier erstmals vollständig in deutscher Übersetzung. Ihr Autor, Giovanni Pascoli (1855–1912), ist einer der bedeutendsten Dichter des modernen Italien, der durch die Verwendung des Dialekts als der Hochsprache gleichgestelltes, dichterisches Medium wie durch metrische Neuerungen auf die jüngeren Lyriker seines Landes großen Einfluss ausübte.

STAUFFENBURG VERLAG

Stauffenburg Verlag Brigitte Narr GmbH
Postfach 25 25   D-72015 Tübingen
www.stauffenburg.de

Felice Balletta

«Der größte Prophet der europäischen Idee»
Altiero Spinellis Vision eines freien und vereinten Europa:
Il Manifesto di Ventotene

«Altiero Spinelli war ein großer Visionär. Heute ist es sogar schwierig zu verstehen, wie er so weit blicken und etwas derart radikal Neues konzipieren konnte: nach so vielen Jahren im Gefängnis und am Ende in der Verbannung auf der Insel Ventotene, abgeschnitten vom Rest der Welt.»[1]

Wer ist Altiero Spinelli, dessen außergewöhnliche Weitsicht Giorgio Napolitano, Italiens seit 2006 amtierender Staatspräsident, so voll des Lobes würdigt, und nach dem 1999 – als offizielle posthume Hommage seiner Verdienste um den Europäischen Integrationsprozess – sogar eines der Brüsseler EU-Gebäude benannt wurde?[2]

Altiero Spinelli, am 31. August 1907 in Rom geboren und dort am 23. Mai 1986 verstorben, tritt bereits in jungen Jahren dem PCI, der Kommunistischen Partei Italiens, bei und schließt sich rasch dem antifaschistischen Widerstand an. Doch er ist nicht bereit, sich von der autoritären Parteidoktrin in seiner geistigen Freiheit einengen zu lassen. Frühzeitig erkennt er die Gefahren, die von Stalins autokratischer Machtpolitik ausgehen, bekundet Sympathie für Trotzki und wird – angesichts seiner Weigerung, sich widerspruchslos dem ideologischen Diktat Moskaus zu unterwerfen – 1937 aus der Partei ausgeschlossen. 1927, im Alter von nur zwanzig Jahren, wird er festgenommen und zu fast 17 Jahren Haft verurteilt. Die ersten zehn Jahre verbringt er in Gefängnissen, sechs in der Verbannung – zunächst auf Ponza, dann auf Ventotene, wo er bis zum Sturz Mussolinis 1943 verbleibt.

Ventotene, im Golf von Gaeta gelegen, gehört zur Gruppe der Pontinischen Inseln. Ihr vorgelagert ist das unbewohnte Eiland Santo Stefano. Auf der Insel befindet sich das 1795 im Auftrag des Bourbonen-

Königs Ferdinand IV. entstandene, berühmt-berüchtigte Gefängnis, in dem vorzugsweise politische Häftlinge – darunter illustre wie Gaetano Bresci, Luigi Settembrini oder Sandro Pertini – unter zumeist besonders harten Bedingungen inhaftiert waren. Das wegen seiner hufeisenförmigen Anlage auch architektonisch ungewöhnliche Gefängnis, das 1965 geschlossen wurde, steht aktuell im Fokus allgemeinen Interesses angesichts der mitunter hitzig debattierten Frage, wie mit diesem nationalen Erbe künftig umzugehen sei. Während die Einen eine kommerzielle Nutzung favorisieren, wurde Ventotene für die Anderen zur makabren Metapher, weshalb sie dafür plädieren, die Insel beziehungsweise den gesamten Gefängniskomplex als herausragenden ‹Erinnerungsort› unter Denkmalschutz zu stellen.[3]

Ein Manifest für Europa

Altiero Spinelli hat sich über Jahrzehnte hinweg – als theoretischer Vordenker und politischer Aktivist – um die Geschicke Europas verdient gemacht. Als sein wichtigstes literarisches Vermächtnis gilt das sogenannte *Manifesto di Ventotene* – eigentlich *Per un'Europa libera e unita. Progetto d'un manifesto* –, das er gemeinsam mit Ernesto Rossi[4] im Sommer 1941 auf der Insel Ventotene verfasste, und das als einer der frühesten und bis heute wichtigsten programmatischen Entwürfe für eine Europäische Föderation gilt.

Das Manifest, heimlich aus dem Gefängnis geschmuggelt,[5] wird zunächst auf Flugblättern verteilt. 1944 erscheint es unter dem Titel *Problemi della Federazione Europea*; als Autoren firmieren Spinelli und Rossi. Herausgeber ist Eugenio Colorni,[6] der im Text einige Umstrukturierungen vornimmt und diesen mit einem Vorwort versieht. Die von Colorni betreute und um zwei weitere, zwischen 1942 und 1943 von Spinelli verfasste Schriften – *Gli Stati Uniti d'Europa e le varie tendenze politiche* sowie *Politica marxista e politica federalista* – ergänzte Fassung gilt bis heute als die originalgetreue.[7]

Nicht nur für Giorgio Napolitano ist es überraschend, wie Spinelli – im Dialog mit anderen Gefangenen[8] – trotz der entbehrungsreichen Enge und

Bedrücktheit, zu der ihn die Verbannung nach Ventotene verdammte, ein derart radikales und zugleich so ausgereiftes Konzept für Europas Zukunft erdenken konnte. Colorni zufolge war aber der radikale Perspektivwechsel, die Chance und Notwendigkeit, Neues und Großes anzustreben, auch und gerade eben dieser erzwungenen Isolation geschuldet:

> Der Abstand zum konkreten politischen Leben erlaubte einen distanzierteren Blick und empfahl, die traditionellen Positionen zu überprüfen und dabei die Gründe für die vergangenen Misserfolge nicht so sehr in technischen Fehlern parlamentarischer oder revolutionärer Taktik oder in einer unbestimmten ‹Unreife› der Situation zu suchen, sondern in der Unzulänglichkeit des allgemeinen Ansatzes sowie darin, dass der Kampf entlang der gewohnten Bruchlinien und mit zu geringem Augenmerk auf das Neue geführt wurde, das die Realität veränderte.[9]

Für Spinelli, Rossi und viele Andere war klar: Nach dem Sieg über Hitler-Deutschland durfte es keine Rückkehr zu den alten nationalstaatlichen Strukturen geben. Denn der status quo ante hätte ein Wiedererstarken der reaktionären Kräfte bedeutet – und damit das Risiko erhöht, erneut in die Gewaltlogik totalitärer, aggressiv-nationalistisch ausgerichteter Systeme abzugleiten. Vor diesem Hintergrund wurden die im *Manifesto* propagierten Forderungen zur Grundlage des Denkens und Handelns zahlreicher Widerstandskämpfer in ganz Europa.

Herausforderungen und Chancen

Die konfliktreichen Beziehungen zwischen Europas souveränen Nationalstaaten, insbesondere zwischen Deutschland und Frankreich, erkannte Spinelli als Hauptgrund für die Katastrophen, die den Kontinent innerhalb weniger Jahrzehnte zweimal an den Rand des Abgrunds geführt hatten. Ihm war klar, dass sich politische und ökonomische Konflikte nicht dauerhaft durch Waffengewalt lösen lassen würden.

Der Versuch, den chauvinistischen Nationalstaatsgedanken[10] zu überwinden und neue Formen der politischen Organisation zu ersinnen, die

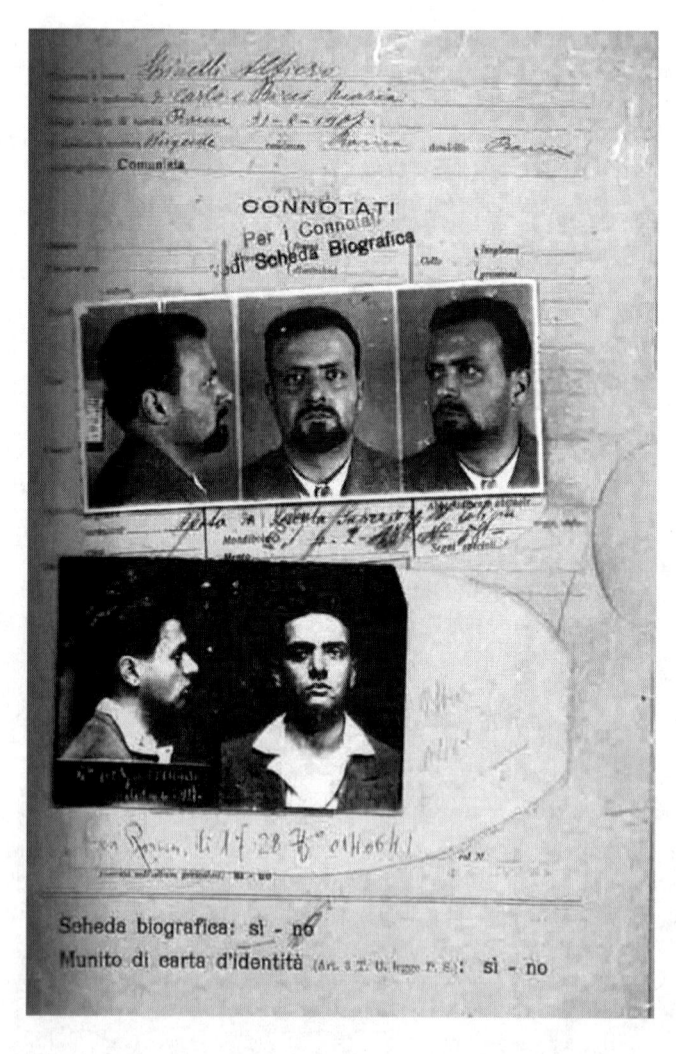

Aus den Gefängnisakten Altiero Spinellis (Foto: Centro Studi Malfatti)

imstande wären, die Einheit und Vielfalt der europäischen Völker gleichermaßen zu garantieren, ist ein Ansatz, der in der Geschichte der Völker in dieser speziellen Form keine Vorläufer kennt.[11]

Spinelli wollte eine echte Föderation, will sagen: keinen zentralistischen Supersaat, sondern einen aus freiem Willen geschlossenen Bund europäischer Nationen, in dem die Souveränität der gleichberechtigten Mitgliedsstaaten durch die konzentrierte Bündelung relevanter Funktionen und Aufgaben – im *Manifesto* plädiert Spinelli explizit für eine gemeinsame Währungs-, Wirtschafts-, Außen-, Sicherheits- und Verteidigungspolitik – auf supranationaler Ebene begrenzt würde. In diesem Fall würde, so Spinelli und Rossi, das bis dato geltende Recht des Stärkeren einem übergeordneten, institutionalisierten Regulativ weichen:

> Der zivilisierte Mensch, der es versteht, die Freiheit des Anderen zu achten und mit Anderen frei zusammenzuarbeiten, ist vielleicht die erhabenste Schöpfung, die dem menschlichen Geist zu schaffen gelungen ist; aber er ist nur möglich unter der Voraussetzung, dass es einen Rahmen von Institutionen gibt, die seine Impulse disziplinieren.[12]

Bereits Ende August 1943, nach der Befreiung durch die alliierten Truppen, fand in Mailand ein Treffen italienischer Antifaschisten statt. Es entstand das Movimento Federalista Europeo, das von Spinelli und Rossi mitbegründet wurde und programmatisch auf deren *Manifesto di Ventotene* fußte. Anders als Rossi und Colorni, hatte Spinelli jedoch nicht den Rückhalt einer Partei oder anderen Organisation, auf die er sich hätte stützen können. In seiner Autobiografie *Come ho tentato di diventare saggio* erinnert er sich:

> Mein einsamer Stolz ist von ganz anderer Natur, denn keine existierende politische Gruppierung erwartete mich oder bereitete sich darauf vor, mich herzlich zu empfangen, mich in ihren Reihen aufzunehmen. Es lag an mir, aus dem Nichts eine neue und andere Bewegung für eine neue und andere Schlacht anzustoßen – eine Schlacht, die ich (damals wahrscheinlich nur ich) zu erwägen beschlossen hatte, obgleich sie noch nicht existierte, aber

wichtiger war als die bereits bestehenden, für die sich alle Anderen zu engagieren begannen. Außer mir selbst hatte ich für den Moment nichts als ein Manifest, ein paar Thesen und drei oder vier Freunde, die auf mich warteten, um zu erfahren, ob die Aktion, von der ich ihnen so oft gesprochen hatte, tatsächlich beginnen würde.[13]

Altiero Spinelli kannte nur eine Mission: möglichst viele Menschen für seine Vorstellung von einem freien und vereinten Europa zu begeistern. Er war weder sozialromantischer Utopist noch fanatischer Ideologe. Auch Parteigrenzen kannte Spinelli, der Pragmatiker mit ausgeprägtem Sinn für Realpolitik, nicht. Vielmehr hatte er eine länderübergreifende Bewegung im Sinn, die nicht in Konkurrenz zu den bestehenden (nationalen) Parteien treten, sondern innerhalb dieser gezielt jene Politiker sensibilisieren und gewinnen sollte, die der Europa-Idee bereits gewogen waren. Um seinem Ziel näher zu kommen, schmiedete Spinelli, dem es weder an Selbstbewusstsein noch an Entschlossenheit mangelte, – ganz im Sinne seiner (staats-)philosophischen Lehrmeister Machiavelli, Kant und Hegel –, um der Sache willen die unterschiedlichsten Allianzen.[14]

Von der Theorie zur Praxis

Ein friedliches Zusammenleben unter den Völkern Europas zu erreichen, wurde nach Kriegsende allgemein als dringlichste Aufgabe angesehen. Allerdings gingen die Meinungen, wie dies zu erreichen sei, deutlich auseinander. Spinelli war zutiefst davon überzeugt, dass nur eine Föderation auf europäischer Ebene dauerhaft Frieden, Freiheit und somit Sicherheit garantieren könne. Doch trotz der traumatischen Erfahrungen der jüngeren Geschichte waren Europas Staaten noch nicht reif für eine politische Einheit. Der Weg der Annäherung – und Aussöhnung – erfolgte Anfang der 50er Jahre über die Errichtung eines gemeinsamen Wirtschaftsraums: 1951 mit der Montanunion, der Schaffung eines gemeinsamen Marktes für Kohle und Stahl, sowie der Europäischen Wirtschaftsgemeinschaft auf der Grundlage der «Römischen Verträge» von 1957.[15]

Spinelli stand dieser Politik der kleinen Schritte, wie sie beispielsweise Jean Monnet und Robert Schuman vertraten, ablehnend gegenüber. Er hoffte, dass angesichts der zerstörerischen Kraft des Zweiten Weltkriegs genügend Europäer bereit wären, in einem revolutionären Akt tradierte national- und obrigkeitsstaatliche Strukturen zu zerschlagen, um Raum für eine neuartige Kultur der Gleichheit und Freiheit zu schaffen:

> Eine echte revolutionäre Bewegung wird von jenen ausgehen müssen, die die alten politischen Ansätze zu kritisieren wussten; sie wird mit den demokratischen Kräften zusammenarbeiten müssen, mit jenen kommunistischen, und generell mit denen, die zur Zersetzung des Totalitarismus beitragen; aber ohne sich von deren politischer Praxis reizen zu lassen.[16]

Zuerst musste der Kapitalismus überwunden werden, da, so Spinelli, der (ökonomische) Kampf um immer größere Absatzmärkte zwischen den konkurrierenden, zunehmend industrialisierten Staaten unweigerlich im Imperialismus münden musste und zwangsläufig – erst politische, dann militärische – Konflikte nach sich gezogen hätte. Durch die unverhältnismäßig hohen Militäretats wurden die nationalen Staatshaushalte übermäßig beziehungsweise einseitig belastet. Sinnvoller wäre es seines Erachtens – auch volkswirtschaftlich betrachtet –, das Geld dem sozialen Sektor zuzuführen, beispielsweise um ein effizientes Schulsystem zu finanzieren, das allen Menschen, unabhängig vom sozialen Hintergrund, Zugang zu Bildung gewähren, und damit auch die materiellen Gegensätze zwischen den verfeindeten Klassen verringern würde.

Kurzum: Spinelli postulierte bereits im *Manifesto di Ventotene* für Europa – avant la lettre – die Grundzüge der sozialen Marktwirtschaft und des Wohlfahrtsstaats, dessen vornehmste Aufgabe es sein müsse, ein soziales Gleichgewicht zu gewährleisten und freie, mündige, eigenverantwortlich handelnde Bürger hervorzubringen.

> Ein freies und vereintes Europa ist die notwendige Voraussetzung für den Ausbau einer modernen Zivilisation, für die die totalitäre Ära einen Stillstand darstellte. Das Ende dieser Ära wird den historischen Prozess gegen

Altiero Spinelli bei einer Europa-Tagung in Madrid 1985
(www.apeuropeos.org)

die Ungleichheit und die sozialen Privilegien vollständig und unmittelbar wieder in Gang setzen. Alle alten, konservativen Institutionen, die deren Verwirklichung verhinderten, werden zusammengebrochen sein oder zusammenbrechen; und diese Krise jener muss mit Mut und Entschlossenheit ausgenutzt werden.[17]

Spinelli selbst war im Lauf seiner Karriere sowohl Mitglied der Europäischen Kommission als auch Abgeordneter im Europäischen Parlament. 1970 wurde er als Vertreter Italiens in die Europäische Kommission entsandt, wo er bis 1976 für die Ressorts Industrie und Forschung beziehungsweise ab 1973 Industrie und Handel verantwortlich zeichnete.

Für Spinelli, der stets und uneingeschränkt eine Union auf politischer Basis wollte, war klar: Um den Integrationsprozess demokratisch, also durch Volkes Stimme legitimiert, zu gestalten, waren eine gemeinsame Europäische Verfassung sowie ein Europäisches Parlament unabdingbar, das direkt von den Bürgerinnen und Bürgern gewählt wird. Unermüdlich warb er für den Plan einer Direktwahl des Europäischen Parlaments, das seine Entscheidungen öffentlich-transparent und auf der Basis eindeutiger Mehrheitsverhältnisse treffen sollte. Diese Forderung, die Spinelli schon im *Manifesto di Ventotene* vertreten hatte, mag ein Grund gewesen sein, wes-halb er es vorzog, 1976 als Abgeordneter – damals noch als Entsandter der italienischen Delegation – ins Straßburger Parlament zu wechseln. 1979 fand erstmals eine Direktwahl des Europäischen Parlaments statt, für das Spinelli als Unabhängiger auf der Liste der Kommunistischen Partei kandidierte – und gewählt wurde; ebenso 1984, zwei Jahre vor seinem Tod.

Il Manifesto di Ventotene, geistige Keimzelle der Europäischen Union

Il Manifesto di Ventotene – in der dunkelsten Epoche des 20. Jahrhunderts auf einer kleinen, nahezu unbekannten, unwirtlichen Mittelmeerinsel geschrieben – wurde zum Fanal gegen die Barbarei, zum Boten einer neuen politischen Ära. Spinelli, «der größte Prophet der europäischen Idee»,[18] wollte jedoch nicht nur eine neue politische Ordnung, er erhoffte sich auch eine neue Kultur, eine Art intellektuellen Kosmopolitismus, dessen demokratischer Garant die Europäische Union als solidarische Wertegemeinschaft sein sollte. Dies zu verwirklichen war für Spinelli, der zu Recht seinen Platz im Athenäum von Europas Gründervätern gefunden hat, Lebensinhalt und Verpflichtung zugleich. Voller Zuversicht und ohne sich von Rückschlägen entmutigen zu lassen, schöpfte er die Kraft für sein engagiertes Handeln aus seiner tiefen Überzeugung, dass es auf Dauer keine ernsthafte friedensstiftende Alternative zu den «Vereinigten Staaten von Europa» geben könne.

Europas Mühlen mögen langsam mahlen, aber sie mahlen; der Integrationsprozess ist – allen Unkenrufen zum Trotz – weit gediehen. Vieles von dem, was sich Spinelli erträumte – beispielsweise eine Einheitswährung, der Abbau von Zollschranken, Reise- und Niederlassungsfreiheit innerhalb der Mitgliedsstaaten –, ist für uns nicht nur Wirklichkeit, sondern Selbstverständlichkeit geworden – was nicht heißt, dass nicht noch viel zu tun bliebe, heute, da der Europa-Gedanke auf eine harte Probe gestellt wird, genau so wie vor 70 Jahren:

> Heute ist der Augenblick, in dem es nötig ist, die alten, sperrig gewordenen Lasten abzuwerfen, sich bereitzuhalten für das Neue, das überraschend geschieht, so grundverschieden von allem, was man sich vorgestellt hatte, die Unfähigen unter den Alten auszumustern und neue Energien unter den Jungen wachzurufen. Um damit zu beginnen, das Band der Zukunft zu knüpfen, sucht und trifft man heute jene, welche die Gründe für die aktuelle Krise der europäischen Zivilisation erkannt haben, und die daher das Erbe aller Bewegungen zur Erhöhung der Menschlichkeit vereinen, gescheitert aus Unkenntnis für das zu erreichende Ziel oder die Mittel, um es zu erreichen. Der zurückzulegende Weg wird weder einfach noch sicher sein. Aber er muss zurückgelegt werden, und er wird es werden![19]

Anmerkungen

[1] Giorgio Napolitano: *Altiero Spinelli e l'Europa*. Bologna: Il Mulino 2007, S. 21.

[2] Zwischen 2007 (Spinellis 100. Geburtstag) und 2011 (seinem 25. Todestag, bzw. 70 Jahre nach Veröffentlichung des *Manifesto di Ventotene*) erschienen diverse Publikationen, die sich ausführlich mit Spinellis Leben und Werk auseinandersetzen. Besonders ergiebig sind die beiden Tagungsbände von Francesco Gui (Hrsg.): *Omaggio ad Altiero Spinelli. Atti del Comitato nazionale per le celebrazioni del centesimo anniversario della nascita di Altiero Spinelli*. Roma: Bulzoni Editore 2011; und Umberto Morelli: *Altiero Spinelli: Il pensiero e l'azione per la Federazione Europea*. Milano: Giuffrè 2010. Einen ausgezeichneten ersten Zugang zu Spinellis Biografie sowie seinem politischen Denken und Handeln bietet Antonio Venece: *L'Europa possibile. Il pensiero e l'azione di Altiero Spinelli*. Roma: Carocci 2010.

[3] Diese Kontroverse bildet auch den Rahmen für Claudio Paglieris Kriminalroman *La cacciatrice di teste* (Milano: Piemme 2010), in dem Commissario Lucani auf Ventotene im Fall eines ermordeten Fischers, der während der faschistischen Diktatur auf Santo Stefano in Gefangenschaft war, recherchiert.

[4] *Il Manifesto di Ventotene* ist ein Gemeinschaftswerk von Altiero Spinelli und Ernesto Rossi, auch wenn Spinellis Anteil daran klar überwiegt, denn Rossi verfasste lediglich einen Teil des 3. Kapitels. Ernesto Rossi kam ebenfalls aus dem antifaschistischen Widerstand und war eines der Gründungsmitglieder der Bewegung «Giustiza e libertà», die nach dem Krieg in den «Partito d'azione» überging. Rossi wurde 1930 zu zwanzig Jahren Gefängnis verurteilt; allerdings wurde die Haft nachträglich in Verbannung ‹abgemildert›: 1939 kam Ernesto Rossi nach Ventotene, wo er Spinelli kennen lernte.

[5] Die Legende will es, dass die auf Zigarettenpapierchen geschriebenen Texte, in einem Hähnchen versteckt, von Colornis Ehefrau Ursula Hirschmann von der Insel geschmuggelt wurden. Hirschmann, die nach Colornis Tod Spinelli heiratete, besorgte auch die erste deutsche Übersetzung.

[6] Eugenio Colorni (1909-1944) war Mitglied der Sozialistischen Partei. Er wurde 1938 verhaftet und ebenfalls nach Ventotene in die Verbannung geschickt.

[7] Einen detaillierten (chronologischen) Abriss der Entstehungsgeschichte des Manifests bietet Venece: op. cit., S. 44-65.

[8] Die gedanklichen Ansätze des *Manifesto* wurde unter den Mitgefangenen diskutiert; viele standen Spinellis und Rossis Thesen jedoch eher ablehnend gegenüber, denn sie dachten primär parteipolitisch und hatten, je nach ideologischer Ausrichtung, entsprechende Vorstellungen, wie – nach dem Zusammenbruch der faschistischen

Regime – die alten Staaten wieder aufzubauen seien. Eine lebendige Beschreibung der Atmosphäre, die unter den nach Ventotene Verbannten vorherrschte, bietet der Zeitzeugenbericht von Alberto Jacometti: *Ventotene*. Prefazione di Umberto Terracini. Padova: Marsilio 1974; den freundlichen Hinweis verdanke ich Herrn Prof. Dr. Titus Heydenreich.

[9] Altiero Spinelli / Ernesto Rossi: *Il Manifesto di Ventotene*. Prefazione di Eugenio Colorni. Presentazione di Tommaso Padoa-Schioppa. Con un saggio di Lucio Levi. Milano: Mondadori 2006, S. 3.

[10] Die Nation «ist vielmehr eine göttliche Entität geworden, ein Organismus, der nur an die eigenen Existenz und die eigene Entwicklung denken darf, ohne sich auf irgendeine Weise um den Schaden zu kümmern, den die Anderen zu spüren bekommen. Die absolute Souveränität der Nationalstaaten hat dazu geführt, jeden von ihnen beherrschen zu wollen, denn jeder fühlt sich von der Macht des anderen bedroht und betrachtet als seinen ‹Lebensraum› immer ausgedehntere Gebiete, die es ihm erlauben, sich frei zu bewegen und sich die Existenzmittel zu sichern, ohne von jemandem abhängig zu sein»; Spinelli / Rossi: *Il Manifesto di Ventotene*. S. 12.

[11] Sowohl Spinelli als auch Rossi kannten Luigi Einaudis unter dem Pseudonym «Junius» verfasste *Lettere politiche di Junius* (Bari: Laterza 1920), in denen dieser schon früh seine Vorstellungen von einer Europäischen Föderation skizzierte. Unabhängig davon orientierten sich beide am Konstitutionalismus US-amerikanischer Prägung. Vgl. hierzu auch Ernesto Rossis 1944 erschienenen Essay *Gli Stati Uniti d'Europa* (Lugano: Nuove Edizioni di Capolago 1944).

[12] Spinelli / Rossi, S. 45 f.

[13] Altiero Spinelli: *Come ho tentato di diventare saggio*. Bologna: Il Mulino 1999, S. 343.

[14] Als besonders fruchtbar erwies sich beispielsweise die Symbiose mit Alcide De Gaspari, der als Staatsmann Spinellis Ideen auf diplomatischem Parkett vorantrieb, indem er sich schon frühzeitig für die Gründung einer politischen, nicht ausschließlich ökonomisch ausgerichteten Europäischen Gemeinschaft einsetzte.

[15] Spinelli stand dem eingeschlagenen Weg skeptisch gegenüber, denn die internationalen Verträge kamen rein diplomatisch und nicht durch eine Verfassungsgebende Versammlung zustande, weshalb in seinen Augen die demokratische Legitimation fehlte.

[16] Spinelli / Rossi, S. 22.

[17] Ebd., S. 26.

[18] Napolitano, S. 23.

[19] Spinelli / Rossi, S. 33.

Oreste Pili

Salvatore Meloni, genannt *Doddori*, die Unabhängigkeitsbewegung Sardiniens und die Insel Malu Entu

Unter den ganz unterschiedlichen Anführern in der Welt der sardischen Unabhängigkeitsbewegungen ist Salvatore Meloni, «Doddori» oder «Doddore» im Dialekt des campidanesischen bzw. des logudoresischen Sardisch, ohne Zweifel derjenige, der den anderen gegenüber ein zusätzliches Merkmal aufweist, nämlich den Pragmatismus. Niemandem unter denjenigen, die ihr Leben der sardischen Unabhängigkeit gewidmet haben, fehlen jene drei wesentlichen Kennzeichen, die zum Ursprung des ‹Sardentums› und seiner zeitgenössischen Umsetzung gehören, nämlich 1.) die Liebe zu Sardinien, 2.) das politische Bewusstsein, und 3.) das politische Handeln. Natürlich weiß jeder, dass die fehlende Liebe zum eigenen Land eine Myriade von Politikern hervorgebracht hat, die sich jede nur denkbare Unregelmäßigkeit auch ihrem eigenen Volk gegenüber hat zuschulden kommen lassen. Genauso ist bekannt, dass das Fehlen von politischem Bewusstsein kurzsichtig und damit unfähig macht, die Hoffnungen jenes Volkes voranzubringen, das man angeblich retten möchte. Und schließlich ist bekannt, dass der fehlende Wille zur politischen Aktion bedeutet, nicht zu handeln – was für so viele sardische Politiker gestern und heute der Fall ist –, das heißt, sich beispielsweise nicht von dem in Sardinien verliebten Touristen zu unterscheiden, der womöglich sogar ein Bewusstsein für die jahrhundertealten Probleme der Insel entwickelt, der aber, gerade weil er Tourist ist, keine politische Aktion unternimmt: er beobachtet, versteht und kehrt am Ende der Ferien in sein Land zurück.

«Doddori», wie wir ihn im Folgenden zu Ehren seiner campidanesischen Sprechweise und seiner Herkunft aus Terralba nennen wollen, und die anderen politischen Führer, die die ausgedehnte sardische Galaxis bevölkern, sind sicherlich Virtuosen, aber Doddori unterscheidet sich von den anderen durch seinen außerordentlich konkreten Charakter, der ihn immer dazu geführt hat, die Probleme beim Kragen zu packen und sich untertan zu machen. Das geht einher – aber auch das ist natürlich etwas Konkretes – mit einer profunden Kenntnis des sowohl sardischen als auch italienischen und internationalen Rechts, die ihn zu einem klaren Bewusstsein von den Dingen und entsprechenden Verhaltensweisen führt, so unglaublich wie in ihrer schlichten Logik genial sie auch sein mögen.

Banknoten der unabhängigen Insel Malu Entu (Privatbesitz)

Die Insel Malu Entu

Insofern ist mehr oder weniger zufällig die Insel Mal di Ventre, 0,85 qkm groß, im Sardischen Meer und gegenüber der Küste der Halbinsel Sintis gelegen, von der sie etwa fünf Seemeilen entfernt liegt,[1] seit mehreren Jahrzehnten der Schauplatz, auf dem Doddori seine Fähigkeit zu politischen Manövern vorführt. Können die Vertreter der Unabhängigkeit italienische Taufnamen akzeptieren? Natürlich nicht, also heißt Mal di Ventre mit seinem sardischen Namen Malu Entu. Glauben die Vertreter der Unabhängigkeit, dass die italienische Regierung so wohlwollend wäre, Sardinien die Unabhängigkeit zuzusprechen? Sicherlich nicht, also «nehmen wir uns die Unabhängigkeit» («l'indipendenza ce la prendiamo»), und so wird die Insel von Malu Entu zunächst und in der Hoffnung oder der Furcht (je nach Blickwinkel auf die Geschichte) zur «Sardischen Republik» proklamiert, dass sie ein bündnisfreier Staat, wie man in den 70er und 80er Jahren zu sagen pflegte, anerkennen werde, und anschließend in der jüngeren Vergangenheit, nämlich seit dem 28.August 2008, zur «Unabhängigen Republik von Malu Entu».[2] Kann es einen Staat ohne eigene Währung geben? Natürlich nicht, also prägen wir den Shardana entsprechend dem Namen des mythischen Volkes sardischer Krieger im Altertum, und mit dem Bildnis der großen Sarden der Vergangenheit, unter ihnen Mariano IV. und Eleonora d'Arborea.

Natürlich ist Doddori häufig beschuldigt worden – von den ‹Sardisten› ebenso wie von den ‹Italianisten› –, ein unbelehrbarer Individualist zu sein, ein nicht kontrollierbarer Politiker und, schlimmer noch, ein Theaterheld, wenn nichts Schlimmeres. Möglicherweise ist es nur die erste dieser Beschuldigungen, die ihn gelegentlich zum Nachdenken bringt. Er weiß, dass seine Geschwindigkeit des Denkens und Handelns, die eher an die großen Generäle der Vergangenheit als an die Politiker von heute erinnert, eine zweischneidige Waffe darstellt: er lässt sie zugunsten der Berichterstattung tanzen, aber das könnte auch tragisch isoliert aussehen. Er weiß aber auch, dass er auf ein Heer von Unterstützern zählen kann, zwar ein kleines Heer, aber tatkräftig und treu. Bei allen gegebenen geografischen und chronologischen Unterschieden lässt dies an den jungen Lenin denken, der seine Genossen auch aus dem Exil heraus dazu bewegen konnte, zugunsten der Organisation der kleinsten Partei Russlands, nämlich der bolschewistischen, zu arbeiten. Auch Doddori verkörpert häufig das Klischee des charismatischen Führers, der die Seinen manchmal zur politischen Arbeit aufruft und sie manchmal davon abhält. Er weiß, dass seine Partei winzig ist, womöglich in der Tat die kleinste, aber er weiß auch jenseits der Geschichte der russischen Revolution, dass auch eine kleine Partei dank ihrer organisatorischen Verwurzelung, einem politischen Bewusstsein von dem, was die Massen benötigen, und der Realisierung der versprochenen politischen Programmpunkte Ergebnisse einfahren kann, die diejenigen der großen Parteien überschreiten. Mit all dem soll nicht die ideologische Nähe Doddoris zum Leninismus beschworen werden, zumal seine Ideale immer in jenem Sinne national waren, als Sardinien für ihn eine Nation darstellt, die vom «alten und neuen» Kolonialismus («antigu e nou»), also dem seit Jahrtausenden bestehenden, mithilfe der Unterstützung aller Angehörigen der Nazione sarda, die es wollen, befreit werden muss, und zwar ohne Rücksicht auf ideologische oder zahlenmäßige Unterschiede. In diesem Sinne haben seine politischen Zusammenschlüsse, sowohl PAR.I.S. (Partidu Independentista Sardu) als auch das jüngere MERIS (Movimentu Europeu Rinaschida Sarda) immer die gestellten Ziele erreicht. Manchmal waren sie klein, wie die Projektierung und Realisierung unvermeidbar spektakulärer Aktionen, um die politische Szene zu gewinnen, manchmal mittelgroß, wie die Bildung einer Liste, um sich zur Wahl stellen zu können, manchmal maximal, wie die Sammlung von Unterschriften zugunsten des regionalen Referendums zur Unabhängigkeit Sardiniens, das innerhalb der Geschichte der Insel ohne Beispiel ist und deshalb eine eingehendere Analyse verdient.

Das Referendum zur Unabhängigkeit Sardiniens
Ein Referendum über die Unabhängigkeit Sardiniens war der nicht verwirklichte Traum von ganzen Generationen von ‹Sardisten›. Dod-

dori versuchte, es – möglicherweise, um den Eindruck zu vermeiden, allzu isoliert zu sein –, mit den sardischen Parteien und Unabhängigkeits- bzw. Nationalitätenbewegungen zusammen zu verwirklichen. Auch wenn dies den Verbündeten Zeit für Manöver ließ, die sich von den seinen unterschieden, so ging er dank seiner, wie gesagt, perfekten Rechtskenntnisse insofern alleine vor, als er die Formulare für ein «Referendum Regionale Consultivo»[3] entwarf und mit der entscheidenden Unterstützung einfacher Bürger, die ihn enthusiastisch unterstützten, 27.347 Unterschriften sammelte. Auf Veranlassung von Doddori hin wurden sie, da 10.000 ausreichend waren, nur teilweise (nämlich genau 12.999) beim Appellationsgericht in Cagliari am 10. Mai 2012 vorgelegt. Die Region erklärte jedoch durch ihr Regionalbüro für Volksabstimmungen im darauf folgenden Juni den Antrag auf ein Referendum für unzulässig. Doddori reagierte darauf, indem er dem Büro vorwarf, eine Beurteilung vorgenommen zu haben, anstatt sich auf die Überprüfung der Gültigkeit der eingereichten 12.999 Unterschriften zu beschränken. Der Einspruch von PAR.I.S. - Malu Entu beim Zivilgericht von Cagliari gegen die Entscheidung der Region wurde im folgenden November zurückgewiesen, ebenso – wenn auch nur mit einer Stimme Mehrheit (bei 26 Stimmen dagegen und 25 dafür) – am 19. Dezember vom Consiglio regionale. Das Spiel ist allerdings noch offen angesichts der erklärten Absicht Doddoris, sich an den Europäischen Gerichtshof für Menschenrechte und an die Vereinten Nationen zu wenden.

Nach jeder wichtigen Entscheidung versammelt Doddori, unterstützt von Freunden und Familienangehörigen, die Seinen «a sa mesa», an seinem – immer stärker besuchten – Tisch, wobei die derzeit letzte Runde am 5. Mai 2013 in Santa Cristina nach inoffiziellen Quellen mindestens 400 Teilnehmer hatte. Diese Tischrunden werden von Freiwilligen mit Essen und Trinken bestückt, das streng aus sardischer Tradition und Produktion stammt. Natürlich, welchen Sinn würde es haben, die sardische Nation befreien zu wollen und dann italienische Lebensmittel einzukaufen und zu verzehren?

Salvatore Meloni, «Doddori», Gründer der Republik Malu Entu im Frühjahr 2012 mit Unterschriftenlisten (www.nottecriminale.it)

Das Sardische als Sprache und die aktuelle Entwicklung

Eine andere wichtige Waffe in Doddoris Kampf um die nationale Befreiung ist die sardische Sprache. Doddori hat immer das Sardische benutzt, auch am Ende der 70er und zu Beginn der 80er Jahre, als Sardinien in der Hochzeit des sprachlichen ‹Proibizionismo› seine Sprache definitiv zu verlieren schien.[4] In den langen Monaten zwischen Dezember 1981 bis weit ins Jahr 1983 hinein, die er unter der Anklage einer Verschwörung gegen den Staat im Gefängnis verbrachte, wurde er zum Helden eines aufsehenerregenden Hungerstreiks, der ihn ein Jahr nach dem wegen ähnlichen Gründen eingetretenen Todes des irischen Unabhängigkeitskämpfers Bobby Sands fast ins Grab gebracht hätte. Doddori verlangte unter anderem das Recht, den Fragen der Staatsanwälte auf sardisch zu antworten, mit denen er informell immer sardisch sprach. Die Lokalpresse, die plötzlich für die gefangenen Unabhängigkeitskämpfer Partei nahm, verschaffte dem Kampf Doddoris eine breite Resonanz. Das führte dazu, dass das Sardische Eingang in die Häuser der Sarden fand wie eine schöne und vergessene Tochter, die man ehren und bei der man sich entschuldigen muss, nachdem man sie zuvor wie eine missratene Stieftochter verjagt hatte. Natürlich endeten der Proibizionismo und seine Folgen nicht von einem Tag zum andern wie sie auch heute noch nicht vollständig verschwunden sind, aber die Aktion führte zu sichtbaren Rissen und stärkte den Kampf für das Sardische, das bis dahin allzu schwach gewesen war.

Ein – wenn auch noch nicht völlig geklärtes – Ereignis, das dazu geführt hat, dass man von Doddori sprach, war die Nachricht von seiner Entführung, die offensichtlich zwischen dem 14. und 17. Februar 2013 inmitten des Wahlkampfs stattfand. Er selbst hat dazu verlauten lassen: «Ich bin entführt und in einem Schuppen an einen Stuhl gefesselt worden und wurde während der Verhöre geschlagen».[5] Die Anspannung unter seinen Unterstützern war enorm, weil bekannt ist, dass Doddori immer in Einklang mit seinen Ideen gehandelt und dabei viele Mächtige gestört hat, die ihn stets dafür büßen ließen.

Natürlich gibt es hinter Doddori noch mehr und nicht einfach auf wenigen Seiten erschöpfend zu Erklärendes. Wir beschränken uns hier auf zwei Aspekte, die man aus Chronistenpflicht nicht verschweigen kann.

Der erste besteht darin, dass immer stärkere Stimmen laut werden, dass seine Unterstützer und Unterstützerinnen ihn zunehmend mit einem Heiligenschein umgäben, der mit seinem Namen des mystischen Wissens übereinstimme (Salvatore, aus dem griechischen Sotèr) und der unter seinen allertreusten Anhängern in einem nahezu messianischen Sinne Bilder der Rettung heraufbeschwöre – und das in einem Moment, in dem die Armut im reichen Sardinien niemals so groß war wie heute und das sardische Volk angesichts der vielfältigen Ungerechtigkeiten, denen es im Alltag begegnet, resignierter ist als je zuvor.

Der zweite Aspekt ist an seine physische Erscheinung gebunden: seine himmelblauen Augen, die helle Hautfarbe, die mächtige und nahezu gigantenhafte Körperlichkeit lassen Doddori als einen Menschen erscheinen, der nicht mit der typischen Erscheinung eines Sarden übereinstimmt. Vielmehr scheint er eher in den Umkreis jener Germanen zu gehören, von denen schon der römische Historiker Tacitus so anschaulich berichtet hat, und die wegen ihrer Ursprünglichkeit auch unter ihren Feinden Bewunderung auslösten.

Während es zum zweiten Gesichtspunkt keine Zweifel gibt, weil die physische Erscheinung unmittelbar überprüfbar ist, können wir den ersten, den wir nicht selbst überprüfen konnten, weder bestätigen noch dementieren.

Sicher können wir aber sagen, dass der Weg Doddoris und seine Aktionen dem antikolonialistischen Kampf Sardiniens eine Dimension gegeben haben, die undenkbar war, bevor er das Feld betrat. Heute kann man sich kein Sardentum mehr vorstellen, das hinter die erreichte Qualität zurückfallen würde. Auch dank Doddori.

Übersetzung: Thomas Bremer

Anmerkungen

[1] So die offiziellen Angaben für den Tourismus. In Wirklichkeit beträgt die Entfernung zur Westspitze mehr als sechs Seemeilen, für Doddori ein wichtiges Detail, weil er wusste, dass die Hoheitsgewässer sich auf sechs Seemeilen beschränken. Die Tatsache, dass ein – wenn auch nur kleiner – Teil der Insel außerhalb der italienischen Hoheitsgewässer liegt, würde daher vorsichtigere Reaktionen des Staates im Moment der Proklamation der Republik bewirken. In der Zwischenzeit wurde die Hoheitsgrenze auf zwölf Seemeilen ausgeweitet.

[2] Der Hauptort für die Treffen der Indepentisti, bevor sie am 30. Januar 2009 und damit fünf Monaten und zwei Tage nach der Proklamation der Unabhängigkeit gezwungen wurden, die Insel zu räumen, war Cala dei Pastori.

[3] Entsprechend Art. 1, Absatz F des Regionalgesetzes No. 20 vom 17.5.1957, mit Modifizierungen zugunsten eines Referendum Consultivo sulla possibile Indipendenza della Sardegna auf der Grundlage des Gesetzes No. 848 v. 17.8.1957 (Ratifizierung der Charta der Vereinten Nationen, angenommen in San Francisco am 26.6.1945) und des Gesetzes No. 881 vom 25.10.1977 (Ratifizierung des Vertrags von New York v. 16. und 19.12.1966).

[4] Die italienischen Regierungen hatten zwischen 1923 und 1999 den Gebrauch des Sardischen, v.a. im öffentlichen Raum, durch verschiedene juristische Maßnahmen eingeschränkt, obwohl die Verfassung von 1947 in Art. 16 den Schutz sprachlicher Minderheiten vorsieht. Noch 1981 berichtet die Zeitung *Nazione Sarda* auf der Titelseite «Alle Lehrkräfte, die das Sardische in die Schulen bringen wollen, polizeilich registriert». Argumente zur Unterstützung dieses ‹Proibizionismo› waren und sind: «Wann wird endlich die Einheit Italiens realisiert?», «Das Sardische ist nur ein Dialekt», «Das Sardische ist hässlich», «Das Sardische führt dazu, dass du es mit dem Italienischen vermischt», und zuletzt «Es ist besser, Englisch zu lernen». Erst 1999 erkannte der Staat mit dem Gesetz No. 482 die Existenz des Sardischen an.

[5] *La Nuova Sardegna* online, 18.2.2013.

Lifestyle Italien – Blog für Italienfans

Italien besticht durch vielfältige Landschaften, traumhafte Strände und eine der besten Küchen der Welt. Wer schwärmt nicht für das Land, in dem die Zitronen blühen und die Städte Museen unter freiem Himmel ähneln?

Im Jahr 2012 startete Lifestyle Italien, der Blog für alle Fans der italienischen Lebensart. Unter

http://www.lifestyle-italien.de

finden Internetnutzer seither Interessantes und Aktuelles rund um das Thema Italien.

Was gerade Trend ist, wer die legendäre Vespa erfunden hat oder woran man einen guten Wein erkennt – alles Wissenswerte aus dem Lieblingsland der Deutschen wird hier in regelmäßigen Abständen veröffentlicht.

Hinter Lifestyle Italien steht Sonja Haschkamp, die lange Zeit für diverse Unternehmen in Italien gearbeitet hat und privat weiterhin viel Zeit dort verbringt.

Fulvio Senardi

Die Insel von Giani Stuparich

Als *L'isola* von Giani Stuparich 1942 zum ersten Mal als Buch veröffentlicht wurde, erhielt der Band eine so prompte wie enthusiastische Stellungnahme von Pietro Pancrazi, der sich seit den 20er Jahren – und zwar gerade anhand der Bücher von Stuparich – darum bemüht hatte, die Kategorie der ‹Triestinität› ins Leben zu rufen. Mit dem Hinweis auf Stuparichs *Colloqui con mio fratello* (Mailand 1925) und seine *Racconti* (Turin 1929) hatte er den Anstoß für eine lang anhaltende literaturkritische Debatte gegeben, wobei er seinen eigenen Beitrag von 1930 lapidar lediglich «Scrittore triestino» überschrieben hatte, als wollte er alle Aufmerksamkeit auf das Adjektiv richten. (Sein Aufsatz wurde dann unter dem Titel «Giani Stuparich triestino» in die erste Auflage der *Scrittori italiani del Novecento*, Bari 1934, und später mit zahlreichen Textänderungen in die «zweite Serie» der *Scrittori d'oggi*, Bari 1946, aufgenommen.) In seinen Augen – und diese Beobachtung machte Schule – wurden die Grundzüge der literarischen ‹Triestinität› vom «moralischen Druck» bestimmt, einem wichtigen Kennzeichen einer Gruppe von Schriftstellern, «immer im Werden und lebenslange Romantiker […], gemischt in Sprache, Kultur und Blut (in fast jedem von ihnen fließen das slavische oder deutsche oder jüdische Blut zusammen), […] immer darauf bedacht, sich zu enthüllen, sich zu bestimmen, den ruhenden Pol zu finden, aber beinahe in der Gewissheit, ihn nicht zu finden, so wie jemand, der aus der Suche nicht ein Mittel, sondern geradezu das Ziel macht».[1]

Außer diesem vorteilhaften Ausgangspunkt für eine interpretierende Lektüre von *L'isola* gibt es allerdings ein anderes, sozusagen ‹äußeres› Element, das mit den Umständen der Veröffentlichung des Kurzromans zusammenhängt und das für das Verständnis, zwar nicht so sehr des spezifischen Gehalts des Werkes, so doch für das des komplexen Wegs seines Autors am Ende des Faschismus wichtig ist – nämlich die

Tatsache, dass *L'isola* ab Oktober 1941 in einer Zeitschrift veröffentlicht worden war, *Primato*, die von dem führenden Faschisten Giuseppe Bottai herausgegeben wurde – und dieser war keineswegs jener moderate «kritische Faschist», den einige in ihm haben sehen wollen,[2] sondern ein Ideologe, der im Dienste des Regimes bis hin zum Antisemitismus stand.[3] Diese Tatsache wirft zusammen mit anderen Episoden (der regelmäßigen Zusammenarbeit mit der *Stampa*, geleitet vom superfaschistischen Alfredo Signoretti; die Veröffentlichung, wiederum in *Primato*, der Novelle *L'addio*, die einigermaßen verstörend den Großen Krieg und die faschistische Aggression gegenüber der UdSSR auf derselben Ebene ansiedelt; der ‹Kniefall› vor Gentile, um seine Verwandten vor der Strenge jener Rassegesetze zu bewahren, die offen zu kritisieren sich Stuparich wohlweislich hütete, usw.) einen Schatten auf das Bild, das Stuparich in seiner ‹Autobiografie› *Trieste nei miei ricordi* von sich selbst zeichnen wollte. Hier ging es ihm darum, das Bild eines Intellektuellen am Gegenpol zum Regime zu zeichnen, und zwar sowohl auf ideologischer Ebene, als auch im Lebenszusammenhang der Zugehörigkeit zu einer noch weitgehend vom Risorgimento geprägten Atmosphäre des Triest des ausgehenden 19. Jahrhunderts. Eine Geschichte wie viele andere in der schweren Zeit der Diktatur, bei der es ungerecht wäre, sie mit unflexibler Härte zu beurteilen. Trotzdem erlaubt sie zu verstehen, wie Stuparich im Ventennio negro zwischen zwei einigermaßen entfernten Verhaltensweisen schwankt: indem er sich nämlich zum einen kleine, kalkulierte Abfälligkeiten gegenüber der Macht leistet (die beiden Orden, die er und sein Bruder sich im Krieg verdient hatten, bedeuteten dabei sozusagen ein Garantiekapital), andererseits aber auch dem Druck der Umwelt, dem Ruf von oben und der Opportunität des Moments nachgibt – so weit, dass die Meinung von Roberto Damiani gerechtfertigt erscheint, der von einem «klugen Nichtfaschismus» spricht.[4]

Das schwierige Verhältnis von Vater und Sohn

Nach dieser Klärung des Veröffentlichungskontextes wollen wir nunmehr zur exemplarischen Lektüre übergehen, die Pancrazi von *L'isola* bietet (sie

Die Insel *von Giani Stuparich*

ist das Beste, was über diese geschrieben wurde), und zwar vor dem Hintergrund eines kritischen Systems, das nur dem Namen nach Croce verpflichtet ist und sich stattdessen durch eine empathische Durchdringung ohne interpretatives Dogma auszeichnet. *L'isola* ist Pancrazi zufolge «eine der schönsten moralischen Erzählungen von hundert Seiten, die bei uns in den letzten Jahren geschrieben wurden»[5] und gekennzeichnet durch die Darstellung des Expliziten wie des Ungesagten in einer komplexen Vater-Sohn-Beziehung. Hier geht es um einen sterbenden Vater (der sich aber möglicherweise im Unklaren über das Schicksal befindet, das ihn erwartet) und einen Sohn, der ihn auf einer Reise begleitet, von der er weiß, dass es der Abschied von der Insel der Ahnen sein wird, dem Schauplatz zahlreicher Episoden eines gemeinsamen Lebens, mit allen Gefühlen unter Männern, den Gewissensbissen, dem Verschwiegenen, die eine solch schwierige Situation mit sich bringt und die sich psychologisch in der wiedergewonnenen Wertschätzung von Seiten des Sohnes gegenüber einem nie wirklich verstandenen Vater auflöst. «Die subtile und mutige Erforschung eines schweigenden Schmerzes (einer Angst)», hat dies Pancrazi genannt und zugleich die autobiografischen Wurzeln benannt (Marco Stuparich, aus Lošinj gebürtig, starb 1930 mit 63 Jahren), «angefüllt mit gelebtem Leben und gelebtem Gefühl» bei gleichzeitiger lyrischer Öffnung gegenüber den Naturschönheiten der Insel: «die Poesie der Erzählung erhält das Übergewicht und gewinnt in der Begegnung mit der Insel lyrische Züge».[6] Die Natur zieht Vater und Sohn abwechselnd an und stößt sie ab, «sie versöhnt sie und lässt sie in ihrem Schmerz verzweifeln».[7]

Es verwundert daher nicht – denn es geschieht häufig bei der Selbstinterpretation von Autoren, die stets bereit sind, den entsprechenden Vorschlägen professioneller Leser zu folgen –, dass Stuparich gerade das Thema der ‹Poesie› in der selbstinterpretierenden Seite betont, die er *L'isola* innerhalb von *Trieste nei miei ricordi* widmet. Er erzäht, wie sich ihm eines Tages mit der kristallenen Klarheit einer Erscheinung das Bild der ‹Straße› dargeboten hatte:

> Es war die asphaltierte Straße, die von Lussinpiccolo, genau genommen von Velopin, nach Cigale führt. Ich hatte diese Straße mit meinem sterbenden

> Vater zurückgelegt, auch wenn er als Person und in seinem Willen noch ganz präsent war; ich hatte sie zurückgelegt unter der erbarmungslosen Augustsonne: sie lag verlassen im wütenden Licht, mit den monströsen Agaven, die sich immer wieder an ihrer Seite aufrichteten, ohne Lebenszeichen, noch nicht einmal in den verschlossenen und wie von diesem Licht zerstörten Häuschen. Sie erregte in mir immer ein Gefühl, gemischt aus Schrecken und Klarheit; und mit ihrer Eintönigkeit, ihrer Hingestrecktheit, ungewiss zwischen dem weiten Himmel und dem überall spürbaren unsichtbaren Vorhandensein des Meeres, hatte sie in mir etwas wie den Eindruck des Unabwendbaren hervorgerufen. […] An diesem Morgen in meinem Arbeitszimmer hatte die Straße all ihren Schrecken verloren. […] Die Straße war belebt von Poesie, sie war wie benetzt, eingetaucht in Poesie. […] Und die Straße wurde mir zur ganzen Insel, so wie ich sie – heraufbeschworen von manchen Erzählungen meines Vaters – in Erinnerung hatte, und wie ich selbst sie in meinen nicht zahlreichen, aber bedeutungsvollen Besuchen kennengelernt hatte.[8]

Der Beweggrund des Schreibens scheint geradezu aus dieser Momentaufnahme der Erinnerung zu entspringen, auch wenn sie nur der leuchtende Endpunkt eines dichten und nahezu undurchdringlichen emotionalen Durcheinanders darstellt. Die Insel war bei diesem letzten Besuch der Schauplatz und die innere Voraussetzung für eine Wiederannäherung an den Vater gewesen, den er bis dahin – wie Stuparich bekennt – zuvor nur mit dem einseitigen Blick der Mutter gesehen hatte: «von ihm besaßen wir einen geheimnisvollen und unruhigen Sinn, und einige Tränenausbrüche unserer Mutter waren nicht dazu geeignet, ihn im günstigsten Licht erscheinen zu lassen.»[9] «In diesem seinem tragischen Lebensabend jedoch», nahezu verdichtet durch die Intensität des Gefühls beim letzten Besuch auf der Insel seiner Jugendzeit,

> war ich ihm sehr nahe, so wie ich es ihm, von Mann zu Mann, nie gewesen war. Ich sah ihn wie bei der Abrechnung mit dem Leben und konnte mich der Irrtümer vergewissern, die ich in seiner Beurteilung begangen hatte. Er war nicht nur dieser gute Wind, der unser Haus in Bewegung hielt und erfreute, «dieser frische Wind des Lebens», wie wir mit Carlo gefunden hatten; als wir von ihm in den Schützengräben von Monfalcone sprachen,

voll Sehnsucht nach seiner Fröhlichkeit: er war ein starker und großzügiger Mann. Und alle seine Schwächen, seine Schattenseiten sehe ich heute als in Übereinstimmung mit ihm, so wie die Zweige und die Blätter am Stamm eines übergroßen Baumes.[10]

Stuparich ist längst Meister seiner literarischen Mittel, wenn er auf dem Schauplatz einer nie genau benannten ‹Insel› (nur die Kenntnis seiner Biografie erlaubt den Rückschluss, dass es sich ohne jeden Zweifel um Lussino, heute Lošinj, im Ostteil der Adria handelt, die von 1918 bis 1945 italienisch war, dann jugoslawisch, inzwischen kroatisch) einen ‹Vater› und einen ‹Sohn› aufeinandertreffen lässt, die ebenfalls nie mit einem Namen versehen – so, als ginge es um eine Angelegenheit von universalem Wert: die mittelmeerische Parabel einer Familienbeziehung, die gerade angesichts ihres tragischen Endes immer enger wird.

Der Hafen des Inseldorfes Veli Lošinj,
(Quelle: wikipedia.org)

Bereits auf den ersten Seiten der Erzählung – so, als wolle er sie in Gang bringen – zeichnet sich eine idealisierende Kindheitserinnerung ab, die auf einen früheren, lange zurückliegenden Aufenthalt auf der Insel zurückgeht («wie ein Gott war sie ihm damals erschienen, mächtig, mit leuchtendem Gesicht, tönender Stimme, den Verhaltensweisen des Eroberers: direkt, einfach, fröhlich»).[11] Sie steht in krassem Gegensatz zu dem gegenwärtigen Zustand des Vaters, einem leidenden Mann und nur noch einen Schritt vom Tod entfernt, auf dessen Bitte hin der Sohn von den Bergen herabgestiegen ist, um die geistige Übergabe im Land der Vögel zu vollziehen. Ein entscheidender Ausgangspunkt, um die Ambivalenzen einer auf den ersten Blick blassen und nebensächlichen Beziehung aufzulösen, die aber in Wahrheit vom Selbstbewusstsein des jüngeren Protagonisten getragen wird, dessen weniger eingestehbare Kehrseite der Schriftsteller mutig enthüllt: das Thema des männlichen Antagonismus, der hier völlig unangemessen, wenn nicht grausam erscheint («Er erschien ihm größer, in all jenem Licht, jünger. Er hatte den merkwürdigen Eindruck, als wolle er sich mit ihm messen und dort, auf der Festigkeit jener vom Wind gepeitschten Klippe, schien er ihm gleich zu sein»), das plötzliche Verlangen, absurd wenn auch menschlich, gemeinsam zu sterben und damit für immer einen endlich perfekten Moment der Harmonie still zu stellen («Warum hatte in diesem harmonischen und leichten Zustand, als er und sein Vater sich gemeinsam auf der Klippe befanden, eine stärkere Welle sie nicht heruntergerissen und versenkt? Das Ende wäre wie eine gewalttätige Gnade gewesen und hätte ihnen ein spätes Versenken zwischen einem Wiederbeginn voll falscher Hoffnungen und demütigender Vernachlässigung erspart»); der bittere Sinn eines abgeschlossenen Ereignisses, als hätte der Tod die geliebte Figur bereits in den Krallen und es bliebe nur noch «eine Narbe, die vernarben wird» (fast als ob er die quälende Verkettung aus Angst, die Sorge einer unerträglichen Erwartung zerreißen wollte), mit der Reue, die sofort darauf folgt («unter einem glühend heißen Gewissensbiss, der ihm das Seeleneis schmelzen ließ. Sein Vater war wie eine wehrlose Kreatur, mit erschrockener Resignation den grausamsten Schicksalsschlägen ausgesetzt. Alle konnten ihm einen Faustschlag versetzen, und am grausamsten von allen konnte es der aus seinem eigenen Blut Geborene tun»); und endlich einem Gipfelpunkt an Feindseligkeit gegenüber der zerbrechlichen Kreatur an seiner Seite: «der Sohn fühlte eine Leere zwischen sich und seinem Vater, den Beginn einer Feindschaft. Seine Verlegenheit wuchs bis hin zu dem unruhigen Wunsch zu fliehen».[12]

Die Insel als Handlungsträger

Aber es gibt wohlgemerkt einen dritten Protagonisten, von dem wir bisher nur beiläufig gesprochen haben: die Insel. Eher eine Seelenlandschaft als reiner Handlungsraum, unterwirft sich die Insel den psychologischen Gegebenheiten der menschlichen Subjekte und vergrößert sie, bis hin zu einer durchdringenden Gefühlsschwingung. Sicherlich wäre es übertrieben zu behaupten, dass Vater und Sohn sich ihre Insel ‹erfinden› würden, aber es trifft sicher zu, dass sie aus ihr eine eigene Idealzone des Lebens und des Gefühls herausschneiden, sowohl in der Gegenwart, als auch – stärker noch – im Fluss der Erinnerungen (an andere Jahreszeiten, und, in den Gedanken des Sohnes, an andere, lebendigere Seiten des Vaters), manchmal im wechselseitigen Kontrast, manchmal als gemeinsame Umweltempfindung. Man denke beispielsweise an die tragische Note, die die Vision der Straße enthält, jenen Entstehungskern der Erzählung, von dem Stuparich (wir haben es gesehen) in *Trieste nei miei ricordi* erzählt hat. Ein Gefühl der Unterdrückung begleitet den Weg der beiden während des niederschlagsarmen Sommers, unter der erbarmungslosen Sonne und bei einem kristallklaren Himmel ohne Trost durch Wolken oder die Liebkosung eines Schattens. Die Sorgen des einen finden einen genauen Widerhall in den Leiden des anderen, die Schritte hallen im Einklang, wie auch die Gedanken im Einklang in einem trockenen Schweigen wie in einem Land ohne Regen umherstreifen, und der Szene den Anstrich einer grausamen Pantomime verleihen: «in jenem erbarmungslosen Licht liefen nicht mehr zwei Männer auf der Straße, sondern zwei Narren. Ein toter und ein lebender begleiteten sich in einem zum Lachen reizenden Bündnis».[13] Aber mit einem Geniestreich verwandelt Stuparich die Qualität dieses blendenden Lichtes und dieser südlichen Sonne, die die Augen schmerzen ließen und das Herz belasteten. Im Nachdenken über die Schönheit der Insel, als der Horizont sich öffnet und das bedrückende Gefühl eines Todesmarsches zerstört, überwindet der Sohn die Bestürzung, der Vater scheint nahezu zur alten Energie wiederzufinden, die beiden Männer finden und erkennen sich in einem Anflug von gegenseitiger Bewunderung:

> Auf einmal verlief die Straße am Abgrund und ein bewundernswertes Schauspiel bot sich den Augen der beiden Männer da, die fast im Gleichklang stehen blieben. Unter ihnen bekrönte ein dichter Kranz aus grünem Gelände, wellig und sanft, eine breite Einbuchtung, einen perfekten Halbkreis, in dessen goldenem Sand sich ein amethystfarbenes Meer von bezaubernder Transparenz wiegte und sich am Saum lächelnder Schäume kräuselte. Der ganze Pinienwald bebte unter einem trunken machenden Gesang von Zikaden, die mit dem vielstimmigen Schlagen des Meeres wetteiferten […] Zum ersten Mal schauten sich Vater und Sohn ins Gesicht und ließen selbstvergessen aus der Traurigkeit ein schüchternes Lächeln zutage treten und sprachen miteinander, Ausdrücke der Bewunderung für diesen Anblick austauschend.[14]

Sicherlich gibt es in dieser Passage, die, wie man früher gesagt hätte, eine der ‹Urszenen› der Erzählung bildet, zuerst etwas Geziertes («ein amethystfarbenes Meer von bezaubernder Transparenz wiegte sich, während sich am Saum lächelnde Schäume kräuselten»), und dann etwas zu bescheiden Prosaisches («sie sprachen miteinander, Ausdrücke der Bewunderung für diesen Anblick austauschend»), fast als Verstärker einer ästhetischen Position, die wie der Schriftsteller weiß, ihm nicht wirklich angehört. Es ist ein Symptom im Hintergrund der schwierigen Parallelität von Aussage und Schreibweise, ethischer Suche und Stil, moralischer Last und Kult der Sprache, den eine ganze Familie julischer Schriftsteller mit Beharrlichkeit und Mühe angestrebt hat.

Es bleibt die Tatsache, dass der Künstler ein Wächter ist, keine Abkürzungen sucht – den Theatercoup, den hohen Stil –, sondern sich mit allen damit verbunden Aspekten der eigenen Problematik als Mensch und Intellektuellem annimmt. Jemand, der direkt auf die starken Seiten des

Lebens zugeht – das zeigt *L'isola* in hervorragender Weise – und der den diskreten Strich eines brüderlichen Verhältnisses von Wort und Wahrheit den Versuchungen der Redekunst oder eines Erzählens der starken Kontraste vorzieht.

Übersetzung: Thomas Bremer

Anmerkungen

[1] Pietro Pancrazi, «Giani Stuparich triestino», in: ders., *Scrittoti italiani del Novecento*, Bari: Laterza 1934, S. 206 f.

[2] Vgl. Giordan Bruno Guerri, *Giuseppe Bottai, un fascista critico*, Milano: Feltrinelli 1975.

[3] Alexander de Grand, *Bottai e la cultura fascista*, Bari: Laterza 1978.

[4] Roberto Damiani, *Gianni Stuparich*, Trieste: Svevo 1992, S. 95 («un prudente afascismo»).

[5] Pietro Pancrazi, «'L'isola' di Giani Stuparich (1942)», in: ders., *Scrittori d'oggi*, serie quarta, Bari: Laterza 1946, S. 103.

[6] Ebd., S. 106.

[7] Ebd., S. 107.

[8] Gianni Stuparich, *Trieste nei miei ricordi* (1948), Trieste: Ramo d'oro 2004, S. 174 f.

[9] Ebd, 175.

[10] Ebd., 176.

[11] Giani Stuparich, *L'isola*. Con introduzione di E. Guagnini, Trieste: Ramo d'oro 2003, 22.

[12] Ebd., 52, 55, 86, 86, 87.

[13] Ebd., 75

[14] Ebd., 76 f.

Italianistik bei Stauffenburg

Claudio Marazzini

Kurze Geschichte der italienischen Sprache

Aus dem Italienischen übersetzt
von Hansbert Bertsch

Stauffenburg Einführungen, Band 22
2011, 266 Seiten, kart.
ISBN 978-3-86057-296-2   EUR 19,80

In einem Europa auf dem Weg zur Einheit werden sich auch die Beziehungen zwischen den Sprachen verändern. Kraftvoll macht sich daher das (auch internationale) Prestige wieder bemerkbar, das die Sprache Italiens zu erreichen vermochte, als die politische Einheit noch fern war: Das literarische Toskanisch verkörperte damals über die verwickelten Grenzen der italienischen Staaten hinweg die moralische Idee einer Nation, einer Republik der Sprache und Literatur, deren Waffen nicht Heere, sondern Literatur, Poesie und stilistische Eleganz waren. Die politische und soziale Geschichte der Massenalphabetisierung mit dem Übergang vom Dialekt zum Italienischen nach der Einigung mag zwar reich und komplex erscheinen, doch nicht weniger faszinierend ist die kulturelle Geschichte des Italienischen, einer elitären, stilistisch verfeinerten Sprache von Dichtern wie Petrarca, Dante und Ariosto, von Wissenschaftlern wie Galilei, von Prosaschriftstellern wie Machiavelli. Das vorliegende Buch zeichnet den historischen Weg des Italienischen von seinen Ursprüngen bis zum heutigen Tag präzise und auf dem neuesten Stand der Forschung nach, und dies zu einem Zeitpunkt, da man die Bande wiederentdecken muss, welche zwischen den verschiedenen Regionen Italiens bestanden, viel früher als die politische Einheit Italiens 1861 Wirklichkeit wurde. 2011 feiern wir deren 150-jähriges Bestehen, und die *Kurze Geschichte der italienischen Sprache* erinnert auch an die sprachlichen Folgen dieses historischen Ereignisses.

STAUFFENBURG VERLAG

Stauffenburg Verlag Brigitte Narr GmbH
Postfach 25 25   D-72015 Tübingen
www.stauffenburg.de

Katrin A. Schmeißner

Auf der Suche nach Fluchtmöglichkeiten
Roberto Rossellinis *Stromboli*

Die kleine Insel Stromboli liegt 54 km vom Festland entfernt unweit von Sizilien. Sie ist gerade 12 km² groß und hat zwei Siedlungen, die sich flach an den unteren Teil der steil aufragenden Vulkanhänge schmiegen. Bis zu Beginn des 20. Jahrhunderts dominierten hier Weinanbau und Fischfang, dann folgte in den 20er und 30er Jahren eine Welle der Bevölkerungsabwanderung in die USA. Wiederentdeckt wurde sie von Roberto Rossellini: Das daraufhin wachsende Interesse für die Insel verdankt sich sowohl seiner auf ihr ihren Anfang nehmenden unehelichen Beziehung zu Ingrid Bergman (die in der Boulevard- und Tagespresse zur «spannendsten Lovestory der Nachkriegszeit» geriet),[1] als auch dem dort von ihm gedrehten Film *Stromboli. Terra di Dio*. Und das, obwohl dieser seinerzeit kaum beachtet wurde und seitdem im Schatten anderer Werke des Regisseurs steht. Ein Paradoxon? Wohl kaum, denn letztlich handelt es sich dabei um ein gleichermaßen beeindruckendes wie wegweisendes cineastisches Werk. Wie zeigt es die Insel und ihre Bewohner, wie band der Filmemacher die dortigen Gegebenheiten ein?

Das Eiland zwischen Wirklichkeit und Anspruch
Tendenzen seiner Annäherung zeigt bereits ein kurzer inhaltlicher Abriss: Der Film thematisiert die Gegenwartsbewältigung in der Nachkriegszeit. Er beginnt mit dem Blick auf im Gefangenencamp von Farfa internierte Frauen jeden Alters, die ärmlich untergebracht sind und das Lager nicht verlassen dürfen. Unter ihnen befindet sich auch die blonde, hoch gewachsene und eleganter als die anderen wirkende Karin. Sie stammt aus Litauen, lebte in gutbürgerlichen Kreisen der Tschechoslowakei und

Jugoslawiens und kam mit der deutschen Besatzung nach Italien. Nun sucht sie nach einem Weg, diesen Ort zu verlassen. Als ihr die ersehnte Ausreise nach Argentinien von den Behörden verwehrt wird, gibt sie dem Drängen eines von ihr wenig ernst genommenen Süditalieners nach, ihn zu heiraten.

Beide reisen mit dem Zug nach Süditalien, segeln mit einem einfachen hölzernen Zweimaster in die Nähe der Insel Stromboli, von wo ein kleines Ruderboot ihnen beim Übersetzen hilft. Die Insel entpuppt sich aber für sie keineswegs als ein ruhiger Fleck, an dem es sich zu leben lohnt und eine Zukunft wünschenswert wäre: Bereits ein erster Blick auf den dunklen Strand hinterlässt einen beklemmenden Eindruck von dumpfer Kargheit. Dieser verstärkt sich beim Durchlaufen der wenigen unbefestigten, staubigen Gassen mit flachen weißen Häusern. Die Skepsis der noch jungen Frau wird zu einem abweisenden Verhalten und Entsetzen, als sie das verlassene Haus ihres Mannes sieht: Beim Öffnen der einfachen Holztür wird der Blick auf kleine, leere Räume mit abfallendem Putz frei. In ihrer heftigen Ablehnung nimmt sie die besonderen Details – wie den Blick aufs Meer – kaum wahr.

Dieses immer wieder gezeigte, oberflächliche Verhalten provoziert die Ablehnung der traditionell lebenden Dorfbewohner, die sie dann je nach Situation aufgrund von Belanglosigkeiten ausgrenzen, des Fremdgehens bezichtigen oder Bescheidenheit anmahnen. Ihr einziger Vertrauter in dieser Situation ist der verständnisvolle und empathiefähige Pfarrer: Er versteht ihren verzweifelten Wunsch, den als Fischer seinen Unterhalt verdienenden Angetrauten und die Insel zu verlassen. Doch er mahnt zur Geduld und zeigt allenfalls Möglichkeiten einer späteren Veränderung auf. Als der Vulkan direkt in der Nähe des Dorfes aktiv zu werden beginnt, wagt sie die Flucht in der Hoffnung, die hinter ihm gelegene Ortschaft zu erreichen. Beim Erklimmen des Gipfels wird ihr die Ausweglosigkeit ihrer Situation bewusst, die kaum eine Umkehr, aber aufgrund der Eruption auch kein Fortkommen möglich macht. Weinend und verzweifelt kann sie auch in dieser Situation keine Versöhnung oder Erlösung finden.

Die Insel und ihre Bewohner

Rossellini lässt in der Anlage des Sujets einen schroffen, unüberbrückbaren Gegensatz zwischen der Insel und ihren Bewohnern, zu denen auch der Ehemann gehört, und der Protagonistin entstehen:[2] Das raue Eiland birgt kaum Pflanzenwuchs, einige wenige Feigenbäume und Kakteen säumen die Wegesränder. Ansonsten herrschen vegetationslose Bereiche (gezeigt bei besonders interessanten dokumentarischen Szenen wie dem Vulkanausbruch) vor. Der Vulkan stellt als Feuer speiender Berg einerseits einen landschaftsprägenden Faktor dar, andererseits ist er eine unkalkulierbare Bedrohung.[3] Er fungiert aufgrund der Eruptions-, Asche- und Gaswolken als Symbol für Lebensfeindlichkeit. Die dort Ansässigen sind dem einfachen, ursprünglichen und zutiefst ärmlichen, seit Jahrhunderten unveränderten Leben zutiefst verhaftet. Auch einige aus der Emigration zurückgekehrte Ältere bewegen sich ganz innerhalb der vorgegebenen und verinnerlichten Normen. So hält ein strengstens überwachter und kaum eine Veränderung zulassender Sittenkodex die Gemeinschaft zusammen, die sich neugierig, aber bald auch ablehnend kühl der Neuen gegenüber zeigt. Ihr Mann ist zwar relativ jung und unerfahren, möchte sie aber mit dem Lebensstil vertraut machen und nimmt deswegen ihre im Kontext der Insel zum Teil inakzeptablen Verhaltensweisen in Kauf. Obwohl er den Veränderungswillen und -bedarf seiner Frau kaum begreifen kann, bemüht er sich darum, nach seinen Kräften ihrem Anspruch nach einer besseren Lebensqualität gerecht zu werden und setzt sich dabei auch über tradierte Gewohnheiten hinweg.

Sie ist die ‹klassische Tochter aus gutem Hause›, für die immer alles möglich und erreichbar war. Zwar sensibel, beharrt sie aber aufgrund ihrer Herkunft auf einer persönlichen Andersartigkeit («This is a ghost island, no one lives here»; «I'm different»; «I'm a civilized being») und dem Willen nach einem Leben in einer kulturvollen, städtischen Umgebung auf dem Festland. Keinen Moment scheint sie an ihrem Ehemann, zu dem sie auch keine körperliche Nähe herstellt, interessiert. Ihre mangelnde Geduld, fehlende Beteiligung und Anpassungsfähigkeit müssen zum Scheitern ihrer Ehe und der Integration führen. Als weibliche Figur in einer maskulinen

Welt gerät sie in Isolation und Einsamkeit aufgrund der mangelnden Fähigkeit, die Umgebung zu akzeptieren. So ist Karin letztlich kein Opfer der Inselbewohner oder der äußerlichen Situation, sondern ihrer eigenen Erwartungshaltung. Durch den erlebten Konflikt wird sie zum Symbol schmerzlichen Leids, einer tiefen Entfremdung von der Umgebung, in der sie zu leben gezwungen ist. Gleichwohl handelt es sich bei ihr nicht um einen *per se* unsympathischen oder grundsätzlich negativen Charakter – vielmehr ist auch der ihre durchaus ambivalent, facettenreich und ausdifferenziert.

Vor allem führt eine alleinige Ausrichtung auf den Überlebenskampf und das Fehlen jeglicher Ablenkungsmöglichkeit zur radikalen Zuspitzung der Situation. Dadurch gelingt Rossellini ein psychologisches Drama mit stark existentiellem Tonfall, das die Frage nach dem Zwang, Umstände zu akzeptieren, und die Berechtigung der Forderung eines besseren Lebens in den Vordergrund stellt. Parallel dazu werden Geschlechtskonstruktionen

Das frisch vermählte Ehepaar bei der Überfahrt nach Stromboli
(Stills aus dem Film Rossellinis)

fokussiert: Er zeigt, dass die Rollenmuster infolge bestimmter Entwicklungen obsolet sind und neu ausgehandelt werden müssen. Der Cineast macht sich zum parteilosen Zeugen («bisogno di raccontare le cose come stanno»), die Episoden werden ohne Mitleid erzählt. Der durch den Zusammenprall zweier Wertesysteme entstehende Gegensatz zwischen moralischem / amoralischem Verhalten bzw. Opfer und Held wird nicht diskutiert. Auffallend neutral skizziert er jeweils die Position der Insulaner und der Zugewanderten mit Unmittelbarkeit und Wertfreiheit.

Neben der Insel und der Protagonistin kommt dem katholischen Glauben eine wesentliche Rolle im Film zu.[4] Denn: Er beginnt mit einem biblischen Zitat aus dem Neuen Testament, die Trauung der Vermählten erfolgt nach kirchlichem Ritual. Eine der ersten Personen, die sie auf der Insel begrüßen, ist der Pfarrer; mit religiösen Gesängen trotzen die mit kleinen Booten aufs Wasser geflüchteten Dorfbewohner der Gewalt des Vulkans. Nach dem gemeinsamen, nach genauen Regeln ablaufenden Fischfang wird bei einem Gebet lautstark und ergeben für die reiche Beute gedankt. Die Hauptdarstellerin wohnt alldem zwar bei, bleibt aber distanziert: Sie sieht den Priester vorrangig in einer beratenden Rolle, ist bei Volkszeremonien innerlich unbeteiligt und geht nur dem Ehemann zuliebe mit in die Kirche. So ist auch ihr den Film abschließender Hilferuf beim Erklimmen des Vulkans eher einer fundamentalen Verzweiflung und Irritation, umfassender Wut und auch Anklage gegenüber der letztmöglichen Instanz geschuldet als einer tatsächlichen Hinwendung und Bitte um Einsicht.

Spezifika des Films

Der Film mit vielen Halbnah- und Nahaufnahmen sowie Halbtotalen – in dem Rossellini offenkundig auf *La terra trema* von Lucchino Visconti Bezug nimmt – ist noch dem wenige Jahre später auslaufenden Neorealismus zuzuordnen. Der Regisseur führte darin die Auseinandersetzung mit den Charakteristika dieser Strömung fort. Einige der das belegenden Merkmale seien genannt. Schon im Titel findet sich der Hinweis auf den Handlungsort (wie etwa in *Sotto il sole di Roma ore 11*) und damit ein geografisches Gebiet, das vom Kino bis dahin ignoriert worden war. Er entstand bei vergleichsweise spontanen Arbeiten in Anlehnung an eine grobe inhaltliche Vorgabe, aber ohne detailliertes Drehbuch und lebt von Außenaufnahmen. Hörbar werden Dialekte und Fremdsprachen: Die Dorfbewohner bedienen sich der lokalen Mundart, Karin spricht fast ausschließlich englisch. Zu sehen sind mit den ärmsten Bauern soziale Randgruppen. Alle Darsteller – bis auf Ingrid Bergman – kamen als Laien zu den Rollen und stehen durch ihre Authentizität im bewussten Kontrast zu ihr.[5]

Mit dem linear erzählten Sujet und dem Rückgriff auf die im Filmgeschäft etablierte Hollywood-Schauspielerin Bergman (auch wenn sie auf eine divenhafte Interpretation verzichtete) brach Rossellini allerdings mit der Konzeption des Neorealismus. Zudem wich er von dessen ‹Vorgaben›

Eine erste Begrüßung durch die Familie und einheimische Jungen

ab, indem er mit ihr eine grundsätzlich wesensfremde Person auf die Einwohner der Insel stoßen ließ. Denn dadurch verband er die Flüchtlingssituation und das traditionelle Leben auf der Insel – also zwei unterschiedlich angesiedelte Szenarien – zu etwas Neuem, das einen Ausblick auf die gesellschaftlichen Veränderungen nach dem Krieg warf. Damit entfernte er sich latent von seiner bisherigen Betonung einer realistischen Zustandsbeschreibung.

Zugleich nahm er durch den angedeuteten Gegensatz von traditionellem und modernem Lebensstil das Thema des sogenannten ‹nostalgischen italienischen Films› vorweg. Die von der italienischen Regierung in der unmittelbaren Nachkriegszeit verfolgte Politik führte unaufhaltsam zu einer Veränderung des Konzeptes der nationalen Identität: Während die frühere Selbstwahrnehmung auf Werten wie Einheit und Solidarität fußte, kam es in den 50er Jahren zu einem Prozess des Auseinanderdriftens. Jeder kümmerte sich um die eigenen Interessen, man akzeptierte den permanenten Wettbewerb. Am Ende dieses Jahrzehnts erfolgte der Übergang von einer landwirtschaftlich geprägten Nation zu einer industrialisierten. Vor diesem Hintergrund wird der bei Rossellini symbolisch angelegte Kontrast zwischen einem Repräsentanten des ländlich geprägten Italiens und einem Mitteleuropas später zu einem solchen Kontrast zwischen altem und modernem Italien als Teil des Plots (wie in Antonionis *I vinti*, Pasolinis *Il fiore delle mille e una notte*, Bertoluccis *Berlinguer ti voglio bene*, Tornatores *Nuovo cinema paradiso* etc.).[6]

Eine Vielzahl von Motiven

Der Film wirkt aufgrund seiner auffälligen Schlichtheit (einfachstes, handlungsarmes Narrativ, das Fokussieren der Insel, wenig Personal, keine Überraschungseffekte), der gerade deshalb wirkungsvollen Inszenierung und radikalen Zuspitzung des Konfliktes wie eine Ausnahme im Filmschaffen Rossellinis sowie anderer zeitgenössischer Regisseure. Das kann aber nicht darüber hinweg täuschen, dass er eine Vielzahl an Motiven birgt, die charakteristisch für andere Produktionen in diesem historischen

Moment sind. Dazu gehören u.a. die Reise, das Ländliche und die Familie. Die Reise gilt als Synonym für Heimkehr,[7] und in der Tat findet sich in den Filmen der Nachkriegszeit häufig ein Ortswechsel, sei es auf dem Land-, See- oder Luftweg. Die Gründe dafür sind normalerweise – wie in diesem Fall – die Rückkehr in die Heimat, die Suche nach Arbeit, Emigration oder auch der in Mode kommende Tourismus. Bei der Darstellung ländlicher Gebiete lässt sich ein leichter Konnotationswechsel beobachten: Sie können nun nicht mehr wie bisher als Eden oder Paradies der Armen gelten, werden aber noch mit moralischer Überlegenheit gegenüber städtischen Zentren assoziiert.[8] Die Familie stellt einen fortwährenden und Veränderungen überdauernden Fixpunkt dar, sie bietet Dauerhaftigkeit und Bleibendes. Deswegen soll ihr Bestehen und Zusammenhalt unangetastet bleiben: «Die Kernfamilie sollte sich nicht ändern – sie ist ein scheinbar starker Rahmen, ein Versprechen von Dauerhaftigkeit – aber das Eintreffen einer fremden Person bedroht ihr Gleichgewicht.»[9]

Kritik, Inspirationsquelle und späte Würdigung

Mit diesem ernsten, verstörenden und einfühlsamen, vor allem aber vielschichtigen Film, der eine eindeutige Lesart unterläuft, gelang Rossellini eine neue ästhetische Positionsbestimmung. Er passte damit seine Art zu filmen an veränderte Bedürfnisse an. Das in drei Fassungen vorliegende Resultat (die italienische mit einer Dauer von 107 Minuten, die fast gleich lange europäische und die auf 81 Minuten gekürzte amerikanische) kostete eine Million US-Dollar. Es rief allerdings geteilte Meinungen und Orientierungslosigkeit hervor. In den USA kam es zu einer verhaltenen Aufnahme, die puritanischen Staaten boykottierten gar den Film. Ebenso erfolglos war er in den europäischen Staaten.[10] Eine Ausnahme stellte allein Frankreich dar, wo er wohlwollend begrüßt wurde und begeisterte Rezensionen erhielt.[11] In Italien wurde ihm der *Premio Roma per il cinema* verliehen, der sich dem Einfluss der Democrazia Cristiana und dem Vatikan zu verdanken schien. Der Preis kann aber nicht darüber hinwegtäuschen, dass auch die Haltung der Kirche nicht einheitlich war. Denn einerseits sah man ihn als Anzeichen eines *neorealismo cattolico*, andererseits wollten sich Ranghöhere der ekklesiastischen Hierarchie nicht mit einer einfachen, ‹theatralischen› Gottes-Anrufung am Filmende begnügen.[12] Aufgrund dieser sehr verschiedenen Reaktionen schon vor dem Anlaufen in den Kinos auf der Halbinsel entschied Rossellini, den Film persönlich Journalisten und Verantwortlichen in Rom vorzustellen. Doch als *Stromboli* im März 1951 in Italien in die Säle kam, wurde er nicht verstanden und weitestgehend ignoriert. Der geringe Zuspruch zeigte sich auch anhand der Rangliste der im Jahr 1950-51 präsentierten cineastischen Werke. Auf ihr erreichte er, bemessen nach den Einnahmen, nur Platz 26 von 92.

Der Film erfuhr eine auffallend widersprüchliche Kritik. Man stellte fest, Rossellini habe sich vom Neorealismus abgewendet und attestierte ihm gleichzeitig sowohl eine Weiterentwicklung als auch einen Rückschritt: «Meine Filme wurden als sublim und schändlich bewertet, und man sprach ebenso von meiner Weiter-, als auch auch von meiner Rückentwicklung.»[13] Die Vorzüge des Werkes wurden kaum erkannt, es wurde Opfer einer allgemein herabwürdigenden, ablehnenden Haltung bzw. Positionierung, die als *antirossellinismo* bezeichnet werden kann. Lobend äußerte sich nur wenige, u.a. der Produzent und Journalist Vittorio Bonicelli. Alberto Moravia beurteilte den Film als einen der besten des Regisseurs und merkte an:

> Die wesentliche Qualität eines jeden Kunstwerkes liegt darin, dass es zugleich Poesie und Mittel der Erkenntnis und Befreiung ist. *Stromboli* hat ganz gewiss diese Qualität. Verglichen mit dem vorhergehenden Film markiert *Stromboli* zweifellos einen Fortschritt im Hinblick auf eine größere Intimität und poetische Wahrheit. Von der sozialen und pittoresken Ebene ist das Drama hier auf die individuelle und psychologische verschoben.[14]

Auch der Schriftsteller Ennio Flaiano gehörte zu denen, die den Wert des Filmes erfassten:

> *Stromboli* überdauert, bis alle Diskussionen, die er ausgelöst hat, vergessen sein werden. Man möchte sagen, dass er ein Meisterwerk ist: bestimmt ist er das Werk, das uns Rossellini nicht mehr ‹instinktiv› oder als einen Do-

kumentaristen zeigt, sondern als einen Autor, der seine Erzählung zu den nobelsten und umfassendsten Lösungen zu führen weiß.[15]

Von der dominierenden Einschätzung unbeirrt setzte Rossellini seine Arbeit an in *Stromboli* wesentlichen Themen in der sogenannten *Triologia della solitudine* (*Europa, 51, Viaggio in Italia*) fort und drehte neben diesen noch zwei weitere Filme mit Ingrid Bergman.

Die Inseln Vulcano und Salina: William Dieterle

Im selben Jahr von Rossellinis Film nahm der am Ende seines Ruhms stehende, amerikanische Regisseur William Dieterle – veranlasst durch Anna Magnani – *Vulcano* auf den wie Stromboli zu den Äolischen Inseln gehörenden Vulcano und Salina auf.[16] Er zeigt, wie die ehemalige Prostituierte Maddalena von der Polizei auf ihre Heimatinsel Vulcano zurückgebracht wird. Ihre Rückkehr ist angesichts ihres bisherigen Lebenswandels von quälender Reue geprägt. Aber nicht nur das: Die einheimischen Frauen begegnen ihr schroff, die Inselbewohner stehen ihr von Anfang an ablehnend gegenüber. Ihre jüngere Schwester Maria, eine hübsche, junge, lebensfrohe und behende Frau, nimmt sie dagegen herzlich auf. Bald bekommt auch sie Ausgrenzung zu spüren; die beiden Schwestern werden von den auf der Insel üblichen Arbeiten ausgeschlossen. Daraufhin heuern sie auf dem Boot von Donato an, der vorgibt, ein Taucher zu sein. Er stellt Maria nach, und diese verliebt sich in diesen unsanften, doch charmant wirkenden Mann, der ihr die Welt zeigen will. Maddalena misstraut ihm jedoch: Sie ahnt, dass Maria den gleichen Fehltritt wie einst sie begehen könnte, und dreht ihm deswegen beim Tauchen die Luft ab. Schließlich streift sie – schuldbewusst und den eigenen Tod herbeiwünschend – zwischen Lavaresten umher.

Zu den Hauptdarstellern zählten Geraldine Brooks und Rossano Brazzo, zu den Verantwortlichen u.a. der Ethnologe und Fotograf Fosco Maraini. Abgesehen von der unterschiedlichen Besetzung der Rollen wirkt Wesentliches ähnlich konzipiert wie in *Stromboli*. Es finden sich viele fast

Roberto Rossellinis Stromboli

gleich übernommene Szenen und eine ähnliche Einbindung von Gepflogenheiten auf der Insel: Die Beschreibung der Dorfbevölkerung erfolgt nach denselben Schemata, der Pfarrer nimmt dieselbe Rolle ein etc. Auch hier werden dem Zuschauer Panoramen, Landschaften und dokumentarische Abschnitte (z.B. die Arbeit in den Salzstöcken, Unterwasseraufnahmen) präsentiert. Insgesamt handelt es sich jedoch um einen Film mit ‹gewöhnlicherem› Erzählmodus: Er ist kaum auf thematische Schwerpunkte verdichtet, wirkt weniger spannungsgeladen und hat eine geringere ästhetische Qualität. Außerdem greift er auf mehr Darsteller zurück und setzt stärker auf Alltagskommunikation. *Vulcano* wurde von der Panaria Film des Prinzen Francesco Alliata produziert und kam Anfang 1950 in die Kinosäle. Das folkloristische Melodrama hielt einem Vergleich mit dem anderen Film nicht stand, das *Centro cattolico cinematografico* des Vatikans verbot die Aufführung und es wurde zum Flop.

Spätere Filme

Wenn auch beide Regisseure – Rossellini wie Dieterle – die Zuschauer nicht erreicht hatten, war durch sie die Insel doch zu einer Ikone des italienischen Films geworden. Ihr widmeten sich später Vittorio de Seta mit der Dokumentation *Isole di fuoco* (1954), Michelangelo Antonioni mit dem Kurzfilm *Noto, Mandorli, Vulcano, Stromboli, Carnevale* (1992) und Nanni Moretti mit *Caro Diario* (1993). Dieses zwischen Komödie und Drama oszillierende Werk ist in die drei Episoden *Vespa*, *Isole* und *Medici* gegliedert. Dabei zeigt die zweite Moretti selbst auf der Flucht vor der Stadt, genauer während der Reise auf den Äolischen Inseln. Weil er auf Lipari wegen der Touristenströme keine Ruhe finden kann, begibt er sich auf Salina, wo aber Freunde die Fernsehleidenschaft ihrer Kinder nicht beherrschen. Auf Stromboli angekommen, spürt er sofort die Nähe des Vulkans:

> Moretti: [...] die Sachen, zu denen du mich immer zwingst. Also, schau! Ich darf keine Zeit verlieren, nie! Ja, alle haben es mir gesagt, kaum auf

> Stromboli angekommen fühlt man sofort die drohende Präsenz des Vulkans. Gherardo und ich fingen sofort an zu streiten. Warum hat er mich nicht daran erinnert, dass ich zum Arbeiten hier bin? Ich habe ihm eine ganze Auflistung von Dingen gegeben, die ich machen musste, und stattdessen habe ich nichts anderes getan als Zeit zu vergeuden, seitdem ich hier bin.

Der Freund Gherardo befragt amerikanische Touristen nach dem Fortgang der Soap-Opera *Beautiful*, die *in Italien* noch nicht vollständig ausgestrahlt wurde. Daneben möchte der Bürgermeister ihn und seinen Begleiter in verschiedene Projekte einbeziehen.

> Bürgermeister: Stromboli von null aus wieder aufbauen! Italien von null aus wieder aufbauen! Eine neue Art zu leben, mit einem neuen Licht, neuer Kleidung, neuen Tönen, einer neuen Weise zu sprechen, neuen Farben, neuem Geschmack.

Selbst auf Panarea finden beide keinen Frieden und flüchten noch am selben Abend. Alcudi, eine Insel ohne Elektrizität, scheint endlich die gesuchte ungestörte und harmonische Atmosphäre zu bieten.[17] Deutlich wird, dass Moretti Rossellinis Klassiker eine humorvolle Hommage erweist, dessen Problemlage aktualisiert und ironisiert. Wenn auch aus anderen Gründen, so reizt die Insel bei ihm ebenfalls zur Flucht.

Noch immer ist der Nachruhm von *Stromboli* ungebrochen und der Wunsch nach Beschäftigung damit vorhanden. So begann Francesco Patierno 2011 mit dem Dreh von *La guerra dei Vulcani*, in dem er der amourösen Verbindung zwischen Rossellini und Magnani bzw. Rossellini und Bergman nachgeht. Der Trailer und die drei genannten Namen reichten, um die italienisch-spanische Koproduktion im Ausland zu bewerben. Die Dokumentation wurde bei der Biennale in Venedig in der Sektion Klassiker, beim Toronto-Film-Festival, in London und New York gezeigt und inzwischen in zwölf Länder verkauft – ein spätes, aber kaum nachlassendes Interesse also an dem vom seinerzeit in Hollywood meistgeschätzten Regisseur und der weltweit berühmtesten Schauspielerin produzierten Film und einer (fast) unscheinbaren Insel im Tyrrhenischen Meer. Und damit an einem Fleckchen Land, das als Projektionsfläche oder gar als Synonym für Ruhe nicht zu taugen scheint.

Anmerkungen

[1] Vgl. Franca Magnani, *Mein Italien*. Hg. von Sabina Magnani-von Petersdorf und Marco Magnani, München: Knaur 1999, S. 364.

[2] Siehe dazu auch die Ausführungen von Elena Dagrada: «Die tragende Idee von *Stromboli* ist das Rossellinische In-Szene-Setzen des Kontrastes zwischen großer blonder Frau und kleinen dunkelhaarigen Fischern. [...]. Das ist die bis zum Äußersten getriebene Anwendung des Bazinschen Gesetzes der Verschmelzung, die den Regisseur dazu bringt, eine Schauspielerin von einem Set Hitchcocks zu bevorzugen und [...] in die schwarze Natur der Vulkanlandschaft zu versetzen»; in: Dies, *Le varianti trasparenti. Il film con Ingrid Bergman di Roberto Rossellini*. Milano: Università di Milano 2005, S. 21.

[3] Vulcanus war der römische Gott des Feuers, der Blitze und der Handwerker, er schmiedete Waffen für Götter und Halbgötter. Seine Schmiede wurde unter den Inseln Sizilien oder Vulcano vermutet; vgl. Horst Bredekamp, *Bilder bewegen. Von der Kunstkammer zum Endspiel*, Berlin: Wagenbach 2007, S. 26 ff.

[4] Bezogen auf den Einfluss des Katholizismus bzw. seiner Institutionen auf den italienischen Film in dieser Zeit siehe Bruno P. F. Wanrooijs, «Universalismo versus cosmopolitismo: i cattolici italiani e Hollywood», in: Gian Piero Brunetta (Hrsg.), *Identità italiana e identità europea nel cinema italiano*, Torino: Fondazione Agnelli 1996, S. 380.

[5] Der im Film den Fischer darstellende Mario Vitale beispielsweise wird wegen seines athletischen Äußeren und seines männlichen, gefälligen Gesichts in der Nähe seiner Heimatstadt Salerno entdeckt. Als Rossellini ihm die Rolle anvertraut, entscheidet er sich mit ihm für einen Unbekannten ohne Erfahrung auf diesem Gebiet.

[6] Vgl. Carlo Celli, «The nostalgia current in the Italian cinema», in: Antonio Vitti (Hrsg.), *Incontri con il cinema italiano*, Roma: Salvatore Sciascia 2003, S. 278-280. Darauf deutet auch das anfangs vorgesehene Ende des Films hin, bei dem

die Protagonistin sich integriert und die Werte der Gemeinschaft nicht nur schätzen lernt, sondern vollkommen zu repräsentieren beginnt.

[7] «Es ist ein *nóstos,* es ist keine Homersche Reise, hat nichts Heroisches. Reisen bedeutet das Entfernen der Vergangenheit und das Imaginieren der Zukunft: [...] Hoffnung und Enttäuschung»; Mirco Melanco, «Il motivo del viaggio nel cinema italiano (1945-1965)», in: Brunetta 1996, op. cit., S. 225.

[8] Vgl. ebd., S. 225.

[9] Vgl. ebd., S. 130.

[10] In dieser Zeit (1947-57) geht die Mehrheit der Europäer regelmäßig, mindestens zweimal pro Woche, ins Kino. Vgl. Pierre Sorlin, «Modi di rappresentazione comuni e differenze nel cinema europeo», in: Brunetta 1996, op. cit., S. 116.

[11] «Der emblematischste Fall der Filmkritik bleibt der französische, denn die Gesamtheit der transalpinen Kritik ‹adoptierte› Rossellini, ihn nach der Trilogie des Krieges fast als einen Propheten der Modernität ansehend»; Augusto Sainati, «La rottura di Stromboli», in: Andrea Martini (Hrsg.), *L'antirossellinismo*. Torino: Kaplan 2010, S. 120.

[12] Vgl.: Elena Dagrada, «Quando la critica si divise. A proposito degli ‹anni Bergman›», in: Martini 2010, op. cit., S. 94.

[13] Genauer führt dies Fabio Castelli aus; vgl. CineCriticaWeb, SNCCI, Convegno Arezzo, http://www.cinecriticaweb.it/attivita/convegno-arezzo-roberto-rossellini-e-la-critica-cinematografica (16.12.2012).

[14] Vgl.: Andrea Martini, «Introduzione. Il cinema tra microscopio e telescopio», in: Martini 2010, S. 9.

[15] Ennio Flaiano, «L'isola di Rossellini», www.cinetecadibologna.it (16.12.2012).

[16] Siehe auch: Alberto Anile / Gabriella M. Giannice, *La guerra dei vulcani. Storia di cinema e d'amore.* Milano: Le Mani-Microarts 2000. William Dieterle übernahm in Deutschland vor allem Rollen im Theater, Max Reinhardt verhalf ihm zum Durchbruch im Film.

[17] Vgl. Antonio Vitti (Hrsg.), *Incontri con il cinema italiano*, Roma: Salvatore Sciascia 2003, S. 282.

Teresa Cirillo Sirri

Pablo Neruda auf Capri

Von den drei kleinen Inseln, die Neapel und dem Vesuv gegenüberliegen, ist Capri – mit seinen steil aufragenden Felsen und der Flora des Mittelmeers – diejenige, die eine unwiderstehliche Faszination ausübt und seit dem 19. Jahrhundert eine Vielzahl von italienischen wie ausländischen Künstlern und Schriftstellern angezogen hat. Einige von ihnen sind über Monate oder Jahre geblieben, andere sogar für immer. Kaiser Augustus war dort gerne, Tiberius wählte es als den Ort des freiwilligen Exils und ließ sich zwölf prunkvolle Villen erbauen, deren Mauern und wertvoller Marmor noch heute zu bewundern sind.

Ein ganz unfreiwilliger Exilant, exilierter und verliebter Dichter, war Pablo Neruda, der auf der Insel zu Beginn des Jahres 1952 ankam.

Exiliert war Neruda seit 1949, als er – als Senator für die Kommunistische Partei Chiles gewählt – in Konflikt mit dem chilenischen Staatspräsidenten González Videla geriet, der sich immer stärker den Interessen der Vereinigten Staaten unterordnete. Am 3. Februar 1948 attackierte Neruda González Videla scharf. Daraufhin seiner parlamentarischen Immunität beraubt, war der Dichter gezwungen, im Untergrund zu leben, bis es ihm gelang, nach einer abenteuerlichen Flucht zu Pferd über die Anden nach Argentinien und von dort aus nach Frankreich zu entkommen. Zu diesem Zeitpunkt hatte der Dichter bereits eine ganze Anzahl Vers-Sammlungen veröffentlicht, unter ihnen *Crepusculario* (1923, Werk der Dämmerung), die sehr populären *Veinte poemas de amor y una canción desesperada* (1924; Zwanzig Liebesgedichte und ein Lied der Verzweiflung), *Tentativa del hombre infinito* (1926, Versuch des unendlichen Menschen), *El hondero entusiasta* (Der rasende Schleuderer) und *Residencia en la tierra* (Aufenthalt auf Erden, beide 1933), sowie *España en el corazón* (1937, Spanien im Herzen) und *Tercera residencia* (1947, Dritter Aufenthalt). In der Zeit, in der versteckt vor der chilenischen Polizei

*Pablo Neruda mit dem italienischen Hispanisten Dario Puccini bei
der Vorstellung der Übersetzung seiner Gedichte, Florenz Juni 1962
(Foto: Ausstellungskatalog* Capri, réina de roca, *Anacapri 2012)*

Pablo Neruda auf Capri 99

lebte, schrieb er weiter an seinem ambitionierten *Canto General*, der 1950 in Mexico mit Illustrationen von Siqueiros und Rivera gedruckt wurde. Mit diesem Werk änderte Neruda seinen poetischen Kurs, wie er in seinen Erinnerungen ausführt.

In den ersten Monaten des Jahres 1951 unternimmt der Exilierte eine lange Reise durch Italien. Zu diesem Zeitpunkt ist er dort noch nicht bekannt, auch wenn seine Werke mittlerweile in der ganzen Welt übersetzt werden. Erst als der Dichter Salvatore Quasimodo eine Anthologie von Neruda-Gedichten übersetzt, die 1952 mit Illustrationen von Renato Guttuso veröffentlicht wird, wird er in der italienischen Kulturszene bekannt. Allerdings macht ihm die italienische Polizei auf Bitten der chilenischen Regierung das Leben schwer, die nach seiner Flucht sogar die falsche Nachricht von seinem Tode verbreitet hatte.

Schwer ist das Leben für den Exilierten auch unter einem persönlichen Gesichtspunkt: in Madrid hatte er zur Zeit des Bürgerkriegs die argentinische Malerin Delia del Carril geheiratet, die einige Jahre älter war als er. Aber fern vom Vaterland erliegt Neruda immer stärker der Faszination von Matilde Urrutia, einer rothaarigen chilenischen Sängerin mit ausdrucksstarken dunklen Augen, die er schon in Santiago kennengelernt und dann 1949 in Mexico wiedergetroffen hatte. Als sich Matilde entschließt, Neruda im Dezember 1951 in Italien zu treffen, suchen die kommunistischen Parlamentsabgeordneten Alicata und Trombadori, die ebenso wie der Maler Renato Guttuso die geheime Verbindung zu Matilde kannten, ein Haus auf Capri: Neruda wollte sich auf eine der Inseln im Golf von Neapel zurückziehen, um ein neues Buch zu schreiben und eine Liebe auszuleben, die jede Vernunft und jeden Widerstand überwunden hatte. Alicata wendet sich an die Capreser Persönlichkeit mit der größten Autorität, Edwin Cerio, geschätzt und gesucht von den Künstlern und Vertretern der großen Welt, die auf der Insel landen. Und Cerio bietet an, den Dichter in einer seiner Villen, «La casa Arturo» mit Blick auf die Marina Piccola und die Faraglioni, aufzunehmen.

Die Hoffnung erfüllt sich: an einem späten Nachmittag Ende Januar schiffen sich der Dichter und Matilde in Richtung auf das ersehnte Cythera ein. In der Casa Arturo stabilisiert sich eine Liebe, die für immer dauern wird. Neruda ist noch an Delia gebunden und kann die Verbindung mit der Geliebten nicht legalisieren. Allerdings heiratet er Matilde symbolisch, indem er ihr einen Ring mit der Inschrift «Dein Kapitän» ansteckt. In gegenseitiger Hingabe vereint «vollständig wie ein einziger Fluss, wie ein einziger Strand», leben die beiden Verliebten in einem leidenschaftlichen Wahn: «Der Wind, der ist ein Rappe: / hör doch, wie er dahinprescht / übers Meer, durch den Himmel [...] Stirn an Stirne gepresst, / mit deinem Mund auf meinem, / beide Körper gefesselt an das, / was uns verbrennt», ruft der Dichter in «El viento en la isla» aus, einem der ersten auf Capri geschriebenen Verse, die in den *Versos del Capitán* enthalten sind.[1]

Eingeschlossen in den magischen Kreis eines speziellen Ausnahmezustands, fangen Pablo und Matilde an, die Insel in einem weniger bekannten, aber ebenso faszinierenden Anblick zu erkunden, nämlich dem winterlichen. Bald fühlt sich der Dichter eher als Inselbewohner denn als Gast: als leidenschaftlicher Naturliebhaber, Botaniker, Beobachter des Lebens der Vögel, über die er später ein Buch schreiben wird, und eifriger Sammler von Muscheln, schließt er Freundschaft mit Cerio, der dieselben Interessen hat und Natur- und Geschichtsstudien betreibt. «Die Insel aber, / Stein und Duft oben, / ein kalkiger Turm, / erhob sie sich / mit der blauen Zuverlässigkeit / des festen und starken / Himmels: / ein bewegungsloser Bau / immer frisch gemalt, / mit den immergleichen Möwen / kühn und hungrig: / die Insel / wimmelnd / von Bienen, Weinreben, Männern / und Frauen, / einsam im Gefels, / rein in ihrer kleinen Einsamkeit [...]» («Adiós a la nieve» / «Lebwohl dem Schnee», aus: *Memorial von Isla Negra*, 1964).[2]

Auch die Bewohner von Capri haben den robusten, herzlichen Dichter aus Chile mit dem gutmütigen Lachen nicht vergessen, der gerne einige Gläser des lokalen Weißweins in der Bar auf der Piazza trank, der Samen sammelte und Blumen pflückte, die auf den Felsen der Insel wuchsen.[3] Aus *Las uvas y el viento*, das man zu einem großen Teil als das ‹italienische› Buch Nerudas betrachten kann, stammt der vibrierende Beginn von «Cabellera de Capri» (Auf Capri die Haarflut): «Capri, Felsenkönigin, / in deinem Gewand, / Lilien- und amarantenfarben, / lebte ich, das Glück vermehrend / und den Schmerz, den Weinberg voller / funklender Trauben, / den ich auf Erden errang»[4] und der Vers «es el pueblo de Italia/ la producción más fina de la tierra», «der Erde edelstes Erzeugnis / ist in Italien das Volk» («La túnica verde», dt. II, 125).

In den vielen Dichtungen, die Capri inspiriert hat, erinnert sich Neruda nicht an die touristischen Orte, die Blaue Grotte, die Villa von Axel Munthe in Anacapri oder den grandiosen Palast des Kaisers Tiberius, der die Insel und den blauen Golf von Neapel und Salerno überragt. Das Capri des Dichters befindet sich außerhalb der Alltagswelt und ist eingehüllt in eine Aura aus utopischer, unbestimmter, belebender Heiligkeit: «Ihr saphirnes Gewand / bewahrte zu ihren Füßen die Insel, / und nackt stieg sie auf im Dunst / ihrer Meereskathedrale. / Aus Stein war ihre Schönheit. […] O Einsamkeit Capris, ich kam / von den Trauben aus Silber / des Winters Pokal unsichtbaren / Wirkens voll, / ich rühmte deine Beständigkeit, / dein zärtlich Licht, dein Gefüge, / und deinen Sternenwein / trank ich, als würde / in mir das Leben geboren» («Cabellera de Capri»).[5]

In den Monaten, die er in Italien verbringt, arbeitet Neruda voll Energie. Er beendet das Buch mit Liebesgedichten für Matilde, *Los versos del Capitán* (Die Verse des Kapitäns), die mit Rücksicht auf Delia, die er liebevoll «die Ameise» nennt, anonym in Neapel veröffentlicht werden. Auch der größte Teil der in *Las uvas y el viento* (Die Trauben und der Wind) gesammelten Gedichte sind in Italien geschrieben, vor allem auf Capri, der blühenden Insel, die sich in den Versen mit der inspirierenden Figur der geliebten Frau vermischt: «Und so wurde in Italien / durch Volkes Willen, […] mein Geschick. / Und so kam es, daß / dieses Buch entstand, / von Meer umgeben und Limonenhainen, / lauschte ich in die Stille / hinter dem Wall der Polizei, / wie kämpfte und kämpft, / wie sang und singt / das mutige Volk, / das eine Schlacht gewann, damit ich ausruhen / könnte auf der Insel, die mich erwartete / mit einem blühenden Zweig Jasmin im Munde / und in ihren kleinen Händen den Quell meines Gesangs» (dt. v. Erich Arendt; II, 131).

Der Modernist Rubén Darío, den Neruda «groß und unverzichtbar» nannte, hatte im Spätsommer 1900 Italien auf Einladung einer argentinischen Tageszeitung bereist und die Faszination des Landes in das einprägsame Bild von den «einsamen Pinien, Pinien Italiens / getränkt von Grazie, Ruhm und Blau» gefasst. Fünfzig Jahre später definiert Neruda Italien mit einer saftigen Metapher als «das Heimatland der Traube des Weinstocks».

Pablo Neruda und Matilde Urrutia auf Capri (aus: Annalisa Angelone: Rossa lava di fuoco. Storie d'amore all'ombra del Vesuvio e in Costiera, *Napoli 2013.)*

In seinem zyklischen Zurückkommen auf thematischer und formaler Ebene nimmt sich der Dichter vor, er selbst zu sein: in *Las uvas y el viento* lässt er eine neue kämpferische Ader erkennen, die aber offen für die Hoffnung ist, wie es sich schon in den Schlussversen der *Versos del Capitán* abgezeichnet hatte: «Lebwohl, doch du wirst / mit mir sein, wirst mitgehn / drinnen in einem Tropfen Blut, der kreist in meinen Adern, / oder draußen, ein Kuß, der mir das Gesicht versengt».[6]

Vielleicht hat kein Dichter so viele Verse in und für Capri geschrieben wie Neruda.

«La pasajera de Capri» (Die Vorübergehende auf Capri) beginnt mit einer Anzahl von Fragen, die alle Gegensätze und Zweifel formulieren, die der Dichter in sich trägt. Das Autobiografische verdichtet sich in starken Figurationen und in langen Interrogativen. Die Frau wird in der Metapher als schwarzer Strahl oder als hartes Gewächs bezeichnet, sie ist aus fernen und rauen Gegenden gekommen und endet in einem Winkel des Mittelmeers. Auf ihren Lippen befinden sich noch Blut und Feuer antiker Lanzen. Aber sobald sie vorbei geht «zwischen den Vögeln mit rosenfarbener Brust / der steilen Meeresfelsen Capris», erkennt das lyrische Ich sie und erkennt sich in ihr wieder, sobald «irgend etwas meinen Mund berührte / mit einem Blütenduft, der mir bekannt».[7]

Zum Zeitpunkt ihrer geheimen Begegnung in Europa hatte Pablo Matilde eines Abends einen Stern geschenkt. Als sie endlich in Capri zusammenleben können, schenkt er ihr einen Inseltag: «Dir, Geliebte, dir weihe ich / diesen Tag. / Blau brach an, mit einer weißen / Schwinge in Himmels Mitten. / An die Starre der Zypressen / rührte das Licht. […] Er ist für dich, du meine Liebe».[8]

Auch wenn jeder lyrische Text seine eigene Bedeutung erhält, die über ein Thema hinausgeht, so lässt ein Überblick doch viele Bestandteile von *Las uvas y el viento* in einem thematischen und stilistischen Zusammenhang zusammenfließen, die ihrerseits sich in einem klaren interdiskursiven Bezug mit denen jenes anderen canzoniere treffen, der zu einem Großteil in Capri entstanden ist, nämlich *Los versos del Capitán*. In diesem kompakten System wird das Spiel der Varianten zum topischen Modell für die Beschreibung der Schönheit der Geliebten in «La pasajera de Capri»: «Fernsten Kontinentes Schatten / ist in deinen Augen, unverhüllter Mond / in deinem wilden Munde, / und dein Antlitz ist die Wimper einer schlummernden Frucht. [...] / Deine Haarflut ist ein roter Brief / voll ungestümer Küsse und Erkenntnisse».[9]

Die intensive erotische Chiffre spiegelt sich noch in einer kleinen Erzählung wider, einer unveröffentlichten Fabel, die die Tageszeitung *La Repubblica* am 24. Juni 2013 veröffentlicht hat. Neruda schrieb sie im Mai 1952 und illustrierte sie mit Fotos, getrockneten Blüten und Blättern und mit Zeichnungen, die die glücklichen Tage in Erinnerung rufen, die er auf der Insel Kapra verbracht hat. Die Fabel erzählt die Geschichte der Liebe zwischen einem König und einer Königin mit roten Haaren, die im Exil auf einer Insel mitten im Meer leben und die sicher sind, dass ihre Liebe niemals enden wird.

Übersetzung: Thomas Bremer

Literatur

Die Zitate des Originaltextes nach Pablo Neruda: *Obras completas*, hrsg. v. Hernán Loyola, Bd. 1, Barcelona: Galaxis Gutenberg 1999; die deutsche Übersetzung nach Pablo Neruda: *Die Gedichte*, hrsg. v. Karsten Garscha (3 Bde.), München: Luchterhand 2009 (mit Angabe des Übersetzers und der Band- und Seitenzahl).

Auf Italienisch vgl. Pablo Neruda: *L'uva e il vento. Poesie italiane*, hrsg. v. Teresa Cirillo Sirri, Firenze: Passigli 2004, sowie die Darstellung von Nerudas Capri-Aufenthalt mit zahlreichen bisher unbekannten Dokumenten in Teresa Cirillo Sirri: *Neruda a Capri,* Capri: La Conchiglia 2002 (dort auch die italienische Übersetzung weiterer Neruda-Texte).

Anmerkungen

[1] «El viento es un caballo; / óyelo cómo corre / por el mar, por el cielo [...] Con tu frente en mi frente, / con tu boca en mi boca, / atados nuestros cuerpos / al amor que nos quema»; dt. von Fritz Vogelgsang (I, 808).

[2] «Pero la isla, / pietra y perfume arriba / como torre calcárea / se elevaba / con la certeza azul / del cielo firme / y fuerte; un edificio inmóvil / siempre recién pintado, / con las mismas gaviotas / intrépidas, hambrientas. / La Isla / pululante / de abejas, viñas, hombres / y mujeres, / solitaria en la roca, / pura de su pequeña soledad»; dt. von Erich Arendt (III, 292 f.).

[3] Vgl. Nerudas Schilderung in seiner Autobiografie *Confieso que he vivido* (Ich bekenne, ich habe gelebt).

[4] «Capri, reina de roca / en tu vestido / de color amaranto y azucena, / viví desarrollando la dicha y el dolor, la viña llena / de radiantes racimos / que conquisté en la tierra»; dt. von Erich Arendt (II, 127 f.).

[5] «Su traje de zafiro / la isla en sus pies guardaba, / y desnuda surgía en su vapor / de catedral marina. / Era de piedra su hermosura. [...] O soledad de Capri, vino / de las uvas de plata, / copa de invierno, plena / de ejercicio invisible, / levanté tu firmeza, / tu delicada luz, tus estructuras, / y tu alcohol de estrella / bebí como si fuera / naciendo en mi vida»; dt. von Erich Arendt (II, 128 f.).

[6] «Adiós pero conmigo / serás adendro / de una gota de sangre que circule en mis venas / o fuera, beso que me abrasa el rostro»; dt. von Fritz Vogelgsang (I, 873).

[7] «Entre las aves de pecho rosado / de los farallones de Capri, [...] algo llegó a mi boca / con un sabor de flor que conocía»; dt. von Erich Arendt (II, 169).

[8] «A ti, amor, este día / a ti te lo consacro. / Nació azul, con un ala / blanca en la mitad del cielo. / Llegó la luz / a la inmovilidad de los cipreses. [...] Es para ti, amor mío»; dt. von Erich Arendt (II, 177)

[9] «Sombra del continente más lejano / hay en tus ojos, luna abierta / en tu boca salvaje / y to rostro es el párpado de una fruta dormida. [...] tu cabellera es una carta roja / llena de bruscos besos y noticias»; dt. von Erich Arendt (II, 168 f.).

ITALIEN-ZENTRUM

ein universitäres Kompetenzzentrum
für den deutsch-italienischen Austausch
in Wissenschaft, Kultur und Wirtschaft

centro di competenza universitario
che promuove lo scambio tra Italia e Germania
in campo scientifico, culturale ed economico

Kontakt / Contatti: Italien-Zentrum der TU Dresden, Zellescher Weg 20, Raum / Stanza 23a, 01069 Dresden
Tel.: +49 351 463 42058 • mail: italien-zentrum@tu-dresden.de • homepage: http://tu-dresden.de/slk/iz

TECHNISCHE UNIVERSITÄT DRESDEN

Italienisches Kulturinstitut Berlin
Kulturabteilung
Italienische Botschaft

ein Kooperationsprojekt der TU Dresden
mit dem Italienischen Kulturinstitut Berlin

Ulrich Steltner

Capri als Allegorie des Leidens und der Einsamkeit
Gustaw Herlings Erzählung *Pietà dell'Isola* (Die Insel)

Capri, die «Perle des Mittelmeers» – der Erzähler in Gustaw Herlings Kriminalfall zitiert die werbewirksame Fügung und zählt ironisch auf, weshalb die Touristen in Scharen anrücken:

> Für sie ist die Insel vor allem die ‹Perle des Mittelmeers› aus den Prospekten der Reisebüros, der Ort, wo das Meer am reinsten und am schönsten in der ganzen neapolitanischen Bucht ist, wo in der Saison die Sonne täglich zehn Stunden lang ununterbrochen die Haut verbrennt, wo der rosige Wein das Blut in den Adern rascher kreisen läßt, wo die Häuschen weiß wie Gips und in blendendem Licht von bunten Fensterläden gezeichnet sind, wo die Holzpantinen angenehm auf den Gehsteigen klappern, wo man mit einem Boot in die unterirdischen Grotten wie in ein Königreich silberner Schatten hineinfährt, wo auch die Worte der Lieder weich klingen, wo die Nächte, träge und schwül, fern am Horizont von Neapels Lichtern und rings um die Insel von den *lampare* der Fischerboote flimmern, wo der Vollmond rot und wie das Herz des Kraters von den letzten, schon erlöschenden Lavaspritzern wie von zitternden Sternen umgeben ist. Nur an Abenden, wenn nach Sonnenuntergang und bevor die Dunkelheit einfällt, zwei Stunden leer bleiben, klettern manchmal die Fremden zu den Resten römischer Vergangenheit hinauf, von wo aus sich die weiteste Sicht über die Insel und die Bucht eröffnet, oder sie umkreisen im langsamen Spaziergang die Kartause auf dem einzigen großen Plateau zwischen dem Meer und dem Städtchen.[1]

Die Einheimischen dagegen verbinden «die Insel» mit dem Tourismus. Sie haben «ihren Lebensrhythmus anstatt der Bodenarbeit und dem Fischfang der Seilbahn angepasst, die in der Saison Hunderte von Festlandtouristen von der Anlegestelle zur Piazza hinaufzieht» (S. 9). Nimmt man einen Augenblick «die Insel» wörtlich als Abbild der Insel Capri Mitte des 20. Jahrhunderts, sind es heute wohl Tausende, die es in der Saison herüberschwemmt.

Für den Erzähler schließlich hat «die Insel» eine Geschichte, die nur ihn interessiert und aus der er eine «unerhörte Begebenheit in aller Kürze» zur Anschauung bringt, um Goethe zu zitieren. Auch fehlt der Insel offenbar ein Name. Ihr existenzieller Status wird im polnischen Original durch Großschreibung vermerkt, nämlich «Wyspa». Die deutsche Übersetzung behilft sich mit Kapitälchen: die INSEL. In der Namenlosigkeit liegt ein erster Hinweis, dass der Leser nicht mit dem sprichwörtlichen Baedeker in der Hand den Text durchmessen kann. Er würde gründlich in die Irre geführt. Neben der bekannten «Seilbahn» gibt es zwar «grüne, blaue und violette» Grotten – und schon hier ist die Frage, ob sie sich alle wiederfinden lassen –, aber es gibt darüber hinaus die «antipodischen» Berggipfel namens *Monte del Faro* und *Monte della Madonna dei Marini* (S. 10). Dieser zweite Berg trägt dem Namen gemäß eine große Statue der Himmelskönigin Maria sowie eine kleine Kirche, die alsbald in der Novelle eine Rolle spielen wird. Nur finden sich diese Namen im gedachten Reiseführer eher nicht, Marienstatue und Kirchlein hingegen schon. *Monte Solaro*, Capris höchster Gipfel, wird dagegen weder benannt noch umbenannt, sondern mit einer Namensdeutung umschrieben: Das «Maß, wie die Sonne sich dem Abendvorhang nähert (und das ist hier der ‹Sonnenberg›)» bestimme das Leben auf der Piazza (S. 7). Auch lässt sich die mittelalterliche Kartause identifizieren. Im polnischen Original wird sie aber durchgängig italienisch als *Certosa* bezeichnet und trägt damit von vornherein das Merkmal des Fremden. Von ihr nimmt eine vieldeutige Story um *sex and crime* ihren Ausgang.

Pietà dell'Isola erschien 1960 im Instytut Literacki, dem Pariser Exilverlag für polnische Literatur, zusammen mit der Erzählung *Wieża* (Der Turm) in dem schmalen Bändchen *Skrzydła ołtarza* (Die Altarflügel). Die deutsche Ersetzung des Titels «Pietà dell'Isola» durch «Die Insel» lenkt die Wahrnehmung von vornherein in eine andere Richtung als das Original. Die spätere Einzelpublikation trägt noch weiter zur (äußerlichen) ‹Profanierung›

Capri als Allegorie des Leidens und der Einsamkeit

*Abb 1. Die Kartause San Giacomo auf Capri
(Quelle: www.capritourism.com)*

bei.² Die Novelle gliedert sich in fünfzehn Kapitel. Vorangestellt ist ihr ein Epigraph in deutscher Sprache, dessen Funktion weiter unten noch erörtert wird. Am Ende findet sich die Angabe «Neapel 1959».

Die kausale Abfolge der Ereignisse in der Novelle lässt sich nur schwer rekonstruieren. In ihr sind drei Figuren auf geheimnisvoll verdeckte Weise miteinander verbunden, die erst am Ende halbwegs klar wird. Es sind der Steinmetz Sebastiano, der Padre Rocca und Sebastianos Braut Immacolata. Sebastiano ist mit der Konservierung der Außenmauer der *Certosa* befasst und verunglückt dabei im Moment einer Einsicht in Bezug auf Immacolata. Er wird nicht nur anscheinend blind, taub und sprachlos, sondern verliert auch sein Gedächtnis. Immacolata gebiert einen toten Sohn. Dessen Vater scheint Rocca zu sein, der Immacolata Gewalt angetan hat. Der Padre stirbt im Augenblick eines «Wunders», ohne allerdings dessen unmittelbarer Zeuge zu werden. Das «Wunder» offenbart sich darin, dass Sebastiano seine Braut 17 lange Jahre nach seinem Unglück auf einer Prozession mit der Skulptur der *Pietà dell'Isola* plötzlich wiedererkennt und anruft.

Damit kommt eine zweite Ereigniskette ins Spiel, die Geschichte der *Certosa* sowie die Rolle der *Pietà*. Diese Geschichte ist von jahrhundertealter Feindschaft zwischen den Mönchen und den anderen Bewohnern der Insel geprägt. Obwohl *Pietà* und Prozession per se positive Zeichen sind, wird durch das jährliche Zeremoniell des Heraustragens der *Pietà* aus der *Certosa* durch vier Mönche die Feindschaft geradezu wachgehalten. (Es handelt sich im Übrigen auch um eines der vielen Ironie-Merkmale des Textes.) Der Augenblick des «Wunders» am 19. September 1950 hebt diese Feindschaft aber schließlich auf.

Die ‹doppelt genähte› Abfolge der Ereignisse bildet nur das vielleicht notwendige, aber künstlerisch alles andere als hinreichende Skelett der Novelle. Um im Bild zu bleiben, wird das Skelett vom ‹Fleisch› zahlreicher Motive umkleidet, die ihrerseits untereinander mehrfach verknüpft sind. Einige sollen hier erörtert werden. Sie verleihen der Erzählung nicht nur ein spezielles Kolorit, sondern dienen der Etablierung des Themas und zeigen – unter einem anderen Blickwinkel – die Machart des Textes, sozusagen die Handschrift von Herling-Grudziński.

Abb 2. Franz Ludwig Catel, Kartäuser-Mönche in der Certosa di San Giacomo auf Capri *(um 1813)*

Der Erzähler überhöht das «Wunder» um Sebastiano mit dem Hinweis auf eine Parallele zwischen der *Pietà* und dem Bild des «Wunders», das sich den Bewohnern der Insel für einen Moment darbietet. Immacolata nimmt Sebastiano in ihre Arme:

> Sie legte ihn auf den Rücken, ließ sich in kniender Haltung auf die Fersen nieder und schob vorsichtig die Arme unter seinen Hals und den steifen Oberkörper. Er schien leblos oder in einen tiefen Schlaf versunken. Die Glocken verstummten. Und wahrhaftig, in der grellen Sonne des nahenden Mittags, zwischen den im Schweigen erstarrten Menschen, inmitten der Obsthaine, Reben, Gärten und weißen Häusern, unter dem wie eine blaue Glasglocke über die Insel gestülpten Himmel und mit der Sicht auf das ferne Meer, wußte man nicht, welche von den beiden Skulpturen, die nebeneinander am Boden verharrten, das Werk des sienesischen Meisters war, welche den Namen *Pietà dell'Isola* mehr verdiente. Aber nur die eine wurde lebendig: Immacolata hob den Kopf, warf das schwarze Spitzentuch von dem eher goldenen als messing-farbenen Haar ab, und ihre Klage zerriß die Stille. (S. 114 f.)

Im Moment des «Wunders» erschließt sich dem Leser der Sinn des Namens *Immacolata* für die Novelle ebenso wie ihre «eher goldenen als messingfarbenen» Haare, die von Anfang an die Maria der *Pietà* auszeichnen. Das «Wunder» verlebendigt die mittelalterliche Skulptur.

Die Poetik der Namen lässt sich auch auf Sebastiano und Padre Rocca ausdehnen. Schon am Anfang der Novelle wird das Insel-Verhältnis der *Certosa* zum Rest der Insel, also einer «Insel auf der Insel», entwickelt: Die Mönche «schlossen sich von der Welt ab, indem sie auf der INSEL eine von dichten Mauern geschützte eigene Insel schufen» (S. 17). Danach heißt es, dass angesichts der wütenden Pest zwei neue Kapellen errichtet worden seien, zu Ehren von San Rocco und San Sebastiano, den Schutzheiligen vor der Pest. Dennoch seien die «die drei einzigen auf der Insel tätigen Priester hintereinander in einer Woche gestorben» (S. 20). Man habe die Mönche bitten müssen, sich des in deren Augen ‹niederen› Priesteramtes anzunehmen. Genau genommen, wurden die Mönche sogar gezwungen, indem man die Pesttoten über die Mauer der Kartause warf. Die «Insel auf der Insel» sollte am allgemeinen Schicksal teilhaben. Der von den Mönchen ungern geleistete geistliche Beistand markiert den Beginn des Brauches, am 19. September jeden Jahres, «zum Ende der touristischen Saison», wie der Erzähler ironisch kommentiert, die *Pietà* herauszutragen. Man braucht *vier* Mönche als Träger der Statue, die bei der Stiftung des Brauches numerisch *drei* Priester ersetzen. Am Ende bleiben in der Kartause wiederum nur *drei* Mönche übrig, so dass als Vierter Sebastiano einspringen muss, der sich als Rekonvaleszent mehr tot als lebendig in der Kartause befindet. Die Korrespondenz zwischen dem Heiligen und dem Steinmetz gleichen Namens bleibt vieldeutig, eine Art atmosphärisches Analogon.

So findet bei Padre Rocca Anfang der 40er Jahre Doktor Sacerdote, ein verfolgter Jude aus Mantua, zeitweilig Unterschlupf. Er wird Beobachter und Kommentator merkwürdiger Vorgänge. Als Rocca einmal vor Sebastiano zu fliehen scheint, hat Sacerdote eine Vision:

> Der Doktor senkte die Lider und sah plötzlich – infolge einer jener eigentümlichen schiefen Assoziation, deren Erklärung man niemals in der zufälligen Verwandtschaft der enthaltenen Elemente suchen soll – den nackten, bloßen, erdfarbenen Torso eines Mannes, von Pfeilen durchbohrt, unter deren Spitzen kleine Korallen geronnenen Bluts hervorperlten, darüber einen schräg liegenden Kopf, an dem lange, bis zu den Schultern reichende Haare klebten, mit einem Ausdruck des Schmerzes und der Verzückung zugleich in den zum Himmel erhobenen Augen. Dieses Bild überraschte ihn so blitzartig, daß er es wie ein Traumgesicht abschüttelte. Und es verging eine geraume Zeit, bis er begriff, daß es der heilige Sebastian, wie Mantegna ihn sah, gewesen war, den ihm eine rätselhafte Laune in Erinnerung gebracht hatte. (S. 71)

Neben den im Handlungsraum motivierten italienischen Namen[3] üben die zahlreich anzutreffenden Italianismen eine wichtige Funktion aus. Sie geht weit über die Erzeugung des sogenannten ‹Lokalkolorits› hinaus. Immacolata ruft «Aiuto!» (wörtl. *Hilfe*), nachdem sie den vom Gerüst gefal-

Capri als Allegorie des Leidens und der Einsamkeit 113

lenen Sebastiano entdeckt hat. Es ist im Übrigen das Jahr 1933, an dessen 19. September, dem Fest der *Pietà,* sie und Sebastiano den Bund der Ehe schließen wollten. 1950 ruft sie wiederum «Aiutatelo!» (wörtl. *Helft ihm*), als Sebastiano unter der Last der *Pietà* zu stürzen droht. Übersetzt werden diese Hilferufe nicht. Man versteht sie wohl aus der Situation, aber nicht wortwörtlich, genausowenig wie in der Regel ganze Sentenzen in italienischer Sprache, die immer wieder auftauchen. Sie hemmen die Rezeption, verschleiern die Zusammenhänge und wirken damit ähnlich ‹destruktiv› wie die brüchige Kausalkette. Darin lässt sich einerseits ein generelles Merkmal der Moderne erkennen, andererseits legt sich ein Anflug von Fremdheit um die dargestellte Welt, wie oben schon in Bezug auf die Bezeichnung der Kartause als *Certosa* kurz erwähnt.

Erzählt wird die Novelle in der ruhigen Tonlage einer Chronik, auch wenn die Ereignisse überhaupt nicht chronikalisch angeordnet sind. Man könnte sagen, es sei die deutlich *stilisierte* Tonlage einer Chronik. Der Erzähler schlüpft in die Rolle des Chronisten und wahrt den Abstand zu den Figuren. Daher wird das ‹unerhörte Ereignis› als solches eigenartig entrückt und der Kriminalgeschichte alles Sen-

Abb 3. Andrea Mantegna, San Sebastiano *(1480) (Paris: Louvre)*

sationelle genommen. Darüber hinaus wahrt der Erzähler den Abstand zur erzählten Welt, indem er Signale setzt, die eigentlich als Ironiesignale verstanden werden können. Es handelt sich um Werturteile. Sie können explizit getroffen werden, wie das Urteil über die zwar zustimmende, aber doch hochmütige Antwort des Priors der Kartause auf die Bitte der Inselbewohner um geistlichen Beistand: «[...] wie unersättlich ist doch der Hochmut, wenn das Werk des Zufalls ihm erlaubt, die verborgene Schwäche zu überdecken und sich selbst zu retten!» (S. 20)

Die ironischen Urteile können aber auch mehr oder weniger verdeckt sein, wie die Verknüpfung des historischen Datums des 19. Septembers mit dem Ende der touristischen Saison oder, im selben Geiste, wie der Gegensatz zwischen Postkartenidylle und der eigentlichen Thematisierung der «Insel», die gleich noch näher zu behandeln sein wird. Noch weiter im Hintergrund liegen ironisch zu verstehende Verknüpfungen, etwa das Faktum, dass Sebastiano gerade diejenige Mauer wieder instand setzen soll, die das Kloster, die «Insel auf der Insel», vom Rest der Inselwelt trennt, dabei aber verunglückt und schließlich als Folge dieses Unglücks Kloster und Inselwelt im oben beschriebenen Wunder vereint werden.

Hierher gehört gewissermaßen auch die unmarkierte Hineinnahme des Epigraphs in den Text. Der Epigraph besteht aus einem Kafka-Zitat[4] in deutscher Sprache:

> Verlassen sind wir doch wie verirrte Kinder im Walde. Wenn Du vor mir stehst und mich ansiehst, was weißt Du von den Schmerzen, die in mir sind, und was weiß ich von Deinen. Und wenn ich mich vor Dir niederwerfen würde und weinen und erzählen, was wüßtest Du von mir mehr als von der Hölle, wenn Dir jemand erzählt, sie ist heiß und fürchterlich. Schon darum sollten wir Menschen voreinander so ehrfürchtig, so nachdenklich, so liebend stehen wie vor dem Eingang zur Hölle.
>
> Franz Kafka: Brief an Oskar Pollack (1903)

Im 9. Kapitel fragt der Erzähler angesichts der Sprachlosigkeit zwischen Padre Rocca und Sebastiano: «Wer übrigens vermag die ganze Wahrheit über sich selbst mitzuteilen?» (S. 81). Die Antwort gibt der wiederaufgenommene Epigraph, genauer die ersten zwei Sätze (bis zu den Ausdrücken «heiß und fürchterlich»), im Original nun aber in polnischer Sprache! So könnte das übersetzte Zitat überlesen werden, wenn nicht das ungewöhnliche «Du» wäre. Kafkas abstraktes Urteil, das dennoch an einen konkreten Adressaten gerichtet ist, wird durch den letztlich unklaren Situationsbezug im Text eigenartig konkretisiert. Das Verfahren ähnelt der Konkretisierung der *Pietà* in der dargestellten Welt. Des Weiteren zeigt sich daran auch das Spiel mit den Sprachen. Im Blick auf das Ganze am Wichtigsten aber ist, dass die Fremdheit, die den Text umgibt, an dieser Stelle im (Nicht-)Verstehen der beiden männlichen Protagonisten zum Thema wird.

Wenig später heißt es:

> Aber wieder boten sich Analogien an, denn in Analogien suchen wir im Walde verirrten Kinder nach dem Gefühl der Kontinuität und dem Daseinssinn, wie nach Zeichen, die von den Händen unserer Vorfahren in die Baumrinde geschnitten wurden. (S. 84)

Die mittlerweile leider ziemlich vergessene Russische Formale Schule aus den 1920er Jahren hatte in ihrer Literaturwissenschaft den Begriff der «Bloßlegung des Verfahrens» etabliert. Und genau darum handelt es sich an dieser Stelle des Textes. Das Stichwort lautet «Analogie». Die «Analogien», die «wir im Walde verirrten Kinder […] suchen», liefern quasi eine Leseanweisung: Die motivische Verkettung innerhalb der Novelle gewinnt ihre Bedeutsamkeit im Maß der sprachlichen oder bildlichen Assoziationen, der im Text entworfenen historischen Parallelen sowie der konstruierbaren Analogien sozusagen ‹höherer Ordnung›.[5]

Merkwürdig bleibt natürlich, dass eine Leseanweisung erst zu Beginn des letzten Text-Drittels erfolgt, wenn der Leser den Bedeutungsaufbau schon hat leisten müssen, um überhaupt bis zu dieser Stelle zu gelangen, es sei denn, er hätte den Epigraph in Deutsch recht verstanden. So aber ist es terminologisch passender, vom Schlüssel zu einem Rätsel zu sprechen. Er wird sozusagen zur Bestätigung nachgeliefert, nachdem die Suggestion der Vertextung selbst auf den richtigen Weg geführt hat. Dieser Weg führt gleich zu Anfang weg vom Abbild der Insel Capri, wie sie die Touristen lieben, und hin zu einem im Wortsinn *meta-physischen* Problem.

Jenseits der sinnlich wahrnehmbaren Erscheinungen, wohl aber mit ihnen verbunden, liegt etwas anderes. Der Symbolismus an der Wende vom 19. zum 20. Jahrhundert hätte dieses «Andere» als eine komplett andere Welt begriffen, die sich als künstlerischer Ausdruck der Psyche deuten lässt. Hier aber bleibt etwas Ungreifbares. Es scheint sich in der Welt selbst zu befinden. Das Ungreifbare beruht auf einer bedeutungsvollen Korrespondenz der Erscheinungen, die vielfältig angelegt ist und die sich nurmehr ahnen lässt.

Gustaw Herling vermerkt in seinem *Tagebuch bei Nacht geschrieben* unter dem 12. Januar 1983:

> Aber nichts übertrifft die Ausdruckskraft, über welche die trockene und sachliche Bündigkeit der alten Chroniken verfügt. Und niemand vermag mit der Gabe der Phantasie und der Feder die Beredsamkeit jener Zeugnisse künstlich zu bereichern oder zu erneuern, die die alten Chronisten im Bemühen um Genauigkeit und Glaubwürdigkeit zum Nutzen und zur Belehrung der Nachkommen aufgeschrieben haben. Wer Augen hat, der schaue; wer Ohren hat, der höre; wer einen Sinn hat, fähig, verschiedene Zeiten und Orte zu verknüpfen und entfernte Assonanzen einzufangen, der verknüpfe und fange.[6]

Die Novelle lässt sich als eines der vielen Exempel aus Herlings Feder für diese Anschauung begreifen, ein recht frühes dazu. Sie demonstriert gleichsam, wie das Einfangen «entfernter Assonanzen» künstlerisch umgesetzt werden kann. Sie rückt die Prozesshaftigkeit der ästhetischen Auffassung, hier eben die Suggestion der Verknüpfung «entfernter Assonanzen», in das Zentrum. Wollte man ein Thema formulieren, so müsste dieses Moment in die Formulierung mit einfließen. Die Suggestion der Verknüpfung «entfernter Assonanzen» als das Thema zu bezeichnen, würde allerdings die Konkreta der dargestellten Welt völlig ausblenden. Die Figuren sind selbstverständlich so wenig irrelevant wie das schöne Postkartenidyll der Insel Capri, das immerhin gründlich unterlaufen wird.

Capri als Allegorie des Leidens und der Einsamkeit

Damit sei wenigstens der Rahmen umrissen, innerhalb dessen das Thema dieser Novelle zu fixieren wäre. Die Sekundärliteratur bevorzugt dagegen, wie üblich, Sinnzuweisungen auf einer abstrakten Ebene. Schon die zeitgenössische polnische Kritik (in der Emigration) betont das «Leiden» (poln.: *cierpienie*), das häufig in Herlings Werk eine Rolle spielt. Dem folgt in aller Regel die polnische Literaturwissenschaft seit Anfang der 1990er Jahre, seit Herling-Grudziński auch in seiner Heimat nicht mehr unterdrückt wird. Immacolata, Padre Rocca und insbesondere Sebastiano leiden je für sich, obwohl sie miteinander schicksalhaft verbunden sind. Sie sind in ihrem Leiden eingeschlossen. Padre Rocca spricht mit seinem Freund Sacerdote:

> ‹*Solitudine*›, flüsterte er, ‹*che cosa tremenda, Filippo, è la solitudine. Dio fa grazia, ma non compagnia.*› Und plötzlich wurden ihm zwei Dinge bewußt: daß *il sole* auch als Wort ein Teil von *la solitudine* ist und daß er, den Kopf gegen eine Brust gelehnt, in der das Herz eines Andersgläubigen schlug, lästerte. (S. 62)

Das Leiden hat die Einsamkeit zur Voraussetzung. Padre Rocca und sein Gegenspieler Sebastiano leiden, weil sie aus unterschiedlichen Gründen von der Welt, d.h. den übrigen Bewohnern der Insel, abgeschieden sind – Rocca räumlich, Sebastiano als Folge des Unfalls psychophysisch.

Das künstlerische Prinzip von Herlings motivischen Analogien und «Assonanzen» bringt es mit sich, dass das Inseldasein die Abgeschiedenheit in besonderer Weise verbildlichen kann. Um noch einmal zu rekapitulieren – die Insel steht gegen das Festland, die ummauerte Kartause gegen die übrige Insel. Beide «Inseln» sucht im Jahre 1656 die Pest heim, die trotz der insularen Abgeschiedenheit vom Festland herüber kommt und die von den Inselbewohnern dann bewusst an die hartherzigen und hochmütigen Kartäuser weitergegeben wird. Es ist der Ausgangspunkt für das Fest der *Pietà*. Der Konflikt wird erst Jahrhunderte später im Wunder um Sebastiano und die *Pietà* aufgehoben.

Damit wird die «Insel» schon im 2. Kapitel (s.o.) zu einem umfassenden Analogon stilisiert. Gegen die Postkartenidylle der «Perle des Mittelmeers», über dem die Sonne ewig zu lachen scheint, werden Leiden und Einsamkeit gestellt, am Ende aber findet der «Insel»-Konflikt dennoch eine positive Lösung.

Der Pariser Erstveröffentlichung *Skrzydła ołtarza* (Die Altarflügel) von 1960, notabene: mit den Erzählungen *Wieża* (Der Turm) und *Pieta dell'Isola* (Die Insel) an zweiter Position, war als Epigraph die Sentenz eines unbekannten Venezianers vorangestellt:

> Und nachdem ich die Flügel des alten Altars wie ein Buch geöffnet hatte, sah ich, dass sie von Innen her kunstvoll mit dem Meißel ausgearbeitet waren: das eine stellte die Grablegung dar, das andere die Auferstehung.[7]

Der Titel «Die Insel» – wie auch die Einzelveröffentlichung – zerstört den ‹Altar›, um im Bilde zu bleiben. Die auktoriale Perspektive geht verloren, welche die Texte explizit unter eine christliche Deutung stellt. Implizit, d.h. per Analogie, bleibt sie natürlich erhalten. Die Verlebendigung der *Pietà* im Wunder verleiht, wenn man so will, Sebastiano Züge von Jesus Christus.[8] Das Bild der Insel liefert am Ende die passende Aura:

> Ende September begann die Saison abzuklingen. Die zum Festland abreisenden Touristen sahen vom Deck des Dampfers die allmählich kleiner werdende Insel, die sich in der durchsichtigen Luft der letzten Sommertage vor dem Hintergrund des Himmels, des Meeres und der untergehenden Sonne abhob wie das Relief eines knienden Mönches, der mit dem Kopf, den die Kapuze verhüllt, die Erde berührt. Einige von ihnen hielten zur Erinnerung an die Ereignisse, deren unwillkürliche Zeugen sie gewesen waren, kleine altarförmige Statuetten in der Hand: *Ricordo dell'Isola*. Als der Dampfer sich der Mole von Neapel näherte, verschwand die Insel hinter dem Vorhang der Dämmerung, und nur der Leuchtturm auf dem *Monte del Faro* blinkte unaufhörlich aus der Ferne herüber (S. 120).

Zwischen An- und Abreise der Touristen zur «Insel», d.h. innerhalb einer – freilich symbolischen – Saison, spannt sich ein Erzählvorgang, der zwei Zeiträume umfasst. Rund dreihundert Jahre betreffen die konfliktreiche Geschichte der *Certosa*, keine zwanzig Jahre der darin eingebettete Konflikt der drei Protagonisten Immacolata, Padre Rocca und Sebastiano. Ihre Existenz steht offensichtlich unter einer Macht, die sie nicht beeinflussen können, ganz gleich, nach welcher Seite sich die Waage ihres Schicksals neigt. «Man kannte nicht die Ziele, um derentwillen es der allerhöchste Waagemeister zuließ» (S. 89), dass beispielsweise Sebastiano unter der Obhut der Kartäuser in der *Certosa* wieder halbwegs gesund wird. Der Leser erfährt am Ende vom Wunder um die *Pietà,* erkennt die Ziele und vermag auch den Zusammenhang der verschiedenen Motive zu durchschauen. Die fiktiven Touristen haben etwas erlebt und nehmen ein Souvenir mit aufs Festland, ohne aber die Hintergründe zu kennen. Sehen sie das «Relief eines knienden Mönches»?

Oder sehen sie nur den spektakulären Sonnenuntergang, der ja seit Mitte der 1940er Jahre in dem äußerst populären Schlager «Wenn bei Capri die rote Sonne im Meer versinkt ...» besungen wird. Der Erzähler verrät es nicht. Aber auch hier setzt den Schlusspunkt die leichte Ironie, von der die Tonlage der gesamten Novelle geprägt ist. Es handelt sich eben um einen künstlerischen Text und keinesfalls um ein existenzialistisches Traktat.

*

Schließlich sei noch etwas zu Gustaw Herling-Grudziński (1919-2000) angefügt, obwohl die Gefahr besteht, damit die Kunst des Textes durch biografische Angaben, die mit dieser Kunst nichts zu tun haben, zu entwerten. Es fällt jedenfalls auf, dass ein polnischer Schriftsteller die Insel Capri zum Gegenstand einer Allegorie nimmt; denn die polnische Literatur zeichnet sich durch eine zuweilen geradezu hermetische Innenperspektive aus, die sicherlich mit dem Schicksal der polnischen Kulturnation der letzten beiden Jahrhunderte erklärt werden kann. Wie der Schlussvermerk «Neapel 1959» unter der Novelle anzeigt, lebte der Emigrant Herling in Italien, eben in Neapel. Er war 1939 nach der Besetzung Ostpolens durch die Rote Armee in sowjetische Lagerhaft geraten und 1941 von den Sowjets mit der sogenannten *Anders-Armee,* d.h. den neugebildeten «Polnischen Streitkräften in der UdSSR» unter dem Befehl des polnischen Generals Władysław Anders, via Persien nach Italien entlassen worden. Dort beteiligte sich Herling an den Kämpfen um Monte Cassino. Wie viele andere Polen kehrte Herling nicht in sein nach Kriegsende zunehmend sowjetisiertes Heimatland zurück. Er ließ sich nach Aufenthalten in Paris und London und nach seiner Eheschließung im Jahre 1955 mit Lidia Croce, einer Tochter des italienischen Philosophen Benedetto Croce, auf Dauer in Italien nieder.

Der Schriftsteller Herling blieb zeitlebens einigermaßen isoliert. Wenn vielleicht auch kaum verwundern mag, dass er als Pole mit seinen italienischen Kollegen wenig Kontakt hatte, so fällt doch auf, dass die polnische Emigration ihm nicht unbedingt gewogen war. Im Lande selbst war er als Angehöriger der propagandistisch-abwertend so genannten «Kleinen Emigration» eine Unperson, der letztlich erst in den 1990er Jahren Anerkennung gezollt wurde. Ob es die ‹gebührende› Anerkennung war, bleibe dahingestellt. Herling wurde bekannt – und leider auch festgelegt – als Verfasser eines spektakulären autobiografisch geprägten Berichts über Stalins Lager: *Inny świat* (London 1951), wörtlich: *Die andere Welt*; deutsche Übersetzung: *Welt ohne Erbarmen* (Köln 1953). Trotz seiner negativen Erfahrungen mit der Sowjetunion war Herling ein großer Verehrer der russischen Literatur, insbesondere der Werke von Fjodor Dostojewski. Das gefiel nicht allen Rezipienten. Zudem konnte man ihn wegen seiner jüdischen Herkunft diskriminieren. Schließlich schrieb er eine Literatur, die nicht nur ‹fremde› Räume und Zeiten entwarf, sondern die auch in ihrer unikalen Prägung zwischen Essay und Chronik nicht leicht zugänglich war.[9] Für Herlings exquisite Kunst ist die behandelte Novelle ein ausgezeichneter Beleg.

Anmerkungen

[1] Gustaw Herling, *Die Insel*. Aus dem Polnischen von Maryla Reifenberg, München/Wien 1994, S. 8 f. (Deutsche Zitate nach dieser Ausgabe). Im Original: Gustaw Herling-Grudziński, «Pietà dell'Isola», in: *Skrzydła ołtarza* (Die Altarflügel), Paris 1960, S. 43-116.

² Die erste deutsche Publikation versuchte der originalen Zuordnung mit «Der Turm und die Insel. Zwei Erzählungen» (Köln 1966) Genüge zu tun. Nur die erste Übersetzung ins Italienische bewahrt die originalen Verhältnisse: *Pale di altare*, Milano 1960, mit «La Torre» und «La Pietà dell'Isola».

³ Es handelt sich wohl *durchweg* um sog. ‹sprechende Namen› unterschiedlichster Bezüge, von denen die ‹heiligen› Namen *Sebastian* oder *Immacolata* nur der thematische Sonderfall sind.

⁴ Nach Ausweis der Sekundärliteratur schätzte Herling das literarische Werk von Franz Kafka ganz besonders.

⁵ Auf die Kunst der Analogie bei Herling-Grudziński weist Ulrich Schmid in «Analogie als künstlerisches Verfahren: Gustaw Herling-Grudzińskis *Dziennik pisany nocą*» hin (in: *Zeitschrift für Slavische Philologie* 58 (1999), S. 125-38). Schmid geht es eher um situationsbezogene Anspielungen des behandelten *Tagebuchs bei Nacht geschrieben*.

⁶ Herling-Grudziński, *Dziennik pisany nocą* (Tagebuch bei Nacht geschrieben), 1980-1983, Warschau 1996 (*Pisma zebrane*, Bd. 5), S. 295 (Übersetzung U.S.). Vgl. auch Ołakowska-Kuflowa, Mirosława: «Problem tajemnicy w prozie Gustawa Herlinga-Grudzińskiego (Das Problem des Geheimnisses in der Prosa von GHG), in: Furnal, J. u.a. (Hrsg.), *O Gustawie Herlingu-Grudzińskim*, Kielce 1992, S. 33-45, hier S. 33 unter Hinweis auf Lukas 8, 8.

⁷ *Skrzydła ołtarza* (Die Altarflügel), Paris 1960, S. 5 (Übersetzung U.S.). In der deutschen Erstausgabe *Der Turm und die Insel. Zwei Erzählungen* (Köln 1966) wurde der Epigraph weggelassen. Er hätte keine Funktion gehabt.

⁸ Vgl. Gapska, Dominika: *Południe kocha się w cudach jak ludzie samotni w snach* (Der Süden ist in Wunder verliebt wie einsame Menschen in Träume), URL: http://www.slowairzeczy.pl/6439/poludnie-kocha-sie-w-cudach-jak-ludzie-samotni-w-snach/#footnote_14_6439 (1.7.2013).

⁹ Vgl. zur faktischen Seite insgesamt Kudelski, Zdzisław, *Studia o Herlingu-Grudzińskim: twórczość – recepcja – biografia.* (Studien zu Herling-Grudziński: Werk – Rezeption – Biografie), Lublin 1998.

ITALIENISCHE ANSICHTEN

Das italienische Kulturmagazin

onde
Italia e Germania

Das italienische Kulturmagazin

40

Jetzt bestellen!
www.onde.de

Cristina Zagaria

Cosa Nostra auf Pianosa

Vorbemerkung

Unter dem Druck der Europäischen Union und der Vorhaltungen von Staatspräsident Giorgio Napolitano geht Italiens Regierung daran, die unzumutbaren Haftbedingungen in den überfüllten *patrie galere* zu reformieren. Geplant sind nicht nur Erweiterungen in bestehenden Anstalten. Geplant sind auch Reaktivierungen aufgelassener Karzer.

So kommt auch Pianosa wieder ins Spiel: ein plattes Gebilde von 10 km², fünfzehn km südlich von Elba, Verbannungsort schon in der Römerzeit. Ab 1856 (also schon vor der Unità) eine «colonia penale», sodann bis in die 90er Jahre des Novecento in Betrieb: zuletzt speziell für schwere Cosa Nostra-Jungs, die man nach dem Borsellino-Attentat von 1992 dorthin verlegte, und die sich – wie die Presse weiß – unter den harten Bedingungen des Haftparagraphen 41a zum Teil zu Kooperation mit der Justiz beugten.

1998 wurde Pianosa wieder geschlossen. 1995 schon las man von geplanten Ferienhäuschen, 2001 gar trugen sich Benediktiner mit dem Gedanken einer Klostergründung und der Einrichtung von Bio-Landwirtschaftsbetrieben.

Als schon im selben Jahr 2001 Vater Staat und die Region Toskana die Wiedereröffnung des «supercarcere» erwogen, war die Empörung groß, auch auf Pianosa. Wie hätten die ersehnten Touristen das goutiert? Aber nun – im Herbst 2013 – stehen die Pläne wieder ante portas, und die Häftlinge gewissermaßen auch.

Aus der Zeit, da auf Pianosa Mafiosi einsaßen, berichtet die Journalistin Cristina Zagaria in ihrer Biographie einer Beamtin der Polizia Penitenziaria, die ausgerechnet auf den Namen Armida Miserere hörte. Kompromisslose Gewissenhaftigkeit trug ihr die Leitung einer ganzen

Reihe von Problem-Anstalten ein. Auf Pianosa amtierte sie vom September 1993 bis Dezember 1994.

Durch Verbindungen nach außen hatte die Mafia auch von ihren Zellen aus das Sagen. Leben und Überleben der Wächter – die dies wussten – hingen von ihr ab. Armida Miserere nimmt pflichtbewusst hier und anderenorts vieles in Kauf: Unverständnis der Kollegen, die Einsamkeit auf einem nur mit Sondergenehmigung zugänglichen Dienstareal, Todesdrohungen. Und die seit 1990 unaufhaltsame Demoralisierung, nachdem Umberto, der Lebensgefährte, in der Lombardei an einer Kreuzung unter den Schüssen motorisierter Killer zusammengebrochen war. Dreizehn Jahre später, im April 2003, wird sie sich das Leben nehmen. Eine Verfilmung konnte nicht ausbleiben: *Come il vento* (2013), Regie Marco Simon Puccioni.

Aus Miseseres Pianosa-Zeit drucken wir im Folgenden Cristina Zagarias Schilderung einer nächtlichen Zellen-Perquisition. T. H.

Die Gefängnisanlage von Pianosa heute (Quelle: www.pinterest.com)

Die Nacht darauf: Durchsuchung. Armida beschließt sie unvermittelt. Die Scheinwerfer leuchten taghell. Jeweils zu zweit betreten die Polizisten die Zellen und stellen sie auf den Kopf. Auf der Suche nach Drogen, Briefen, Teigwaren, Zigaretten. Sie beschlagnahmen alles. Es ist eine Warnung. Man muss sie unter Druck halten, dann sind sie zu beschäftigt, um gegen den Staat zu kämpfen, um zu überleben, um an den wahren Staat zu denken, den, den es draußen gibt, den, den die Mafia mit Trytolanschlägen hochgehen zu lassen beschlossen hat. Im Schweigen der Institutionen, inmitten von politischen Instrumentalisierungen ist das Land eingeschüchtert und erschüttert, die Anti-Mafia-Kommissionen und -gesetze stecken im Parlament fest, Armida steht entschlossen um drei Uhr nachts in der Mitte des Cosa-Nostra-Korridors. Zu ihrer Unterstützung sind hundert Beamte des Speziellen Einsatzkommandos gekommen, Männer, die darauf spezialisiert sind, Revolten zu unterdrücken und mit allen denkbaren Mitteln Informationen zu erhalten. Die Durchsuchung beginnt im Bereich der *Zentrale*. Hier befanden sich bis in die sechziger Jahre die Gefangenen aus ganz Italien, die an Tuberkulose erkrankt waren. Es war das *Preventorio*, die Heilstätten. Heute sind hier die weniger gefährlichen Gefangenen. Die rechteckigen Neonröhren fangen sich im Korridor, genau zwischen zwei Reihen von Zellen. Und niemand hustet. Niemand atmet. Dann geht es zum *Podere del Marchese*, damals das *Convalescensario*, das Genesungsheim. Armida hebt die Abteilung *Agrippa* bis zuletzt auf, jene für diejenigen des Paragrafen 41a, früher das *Sanatorio*, heute ein Krankenhaus mit neuen Kranken, die aber nicht geheilt werden wollen, weil sie an die Mafia glauben und mit ihr aufwachsen.

Aber sie will niemanden heilen. Sie wagt es nicht. Es ist nicht ihre Aufgabe. Hände auf dem Rücken, Hunde an ihrer Seite. Zu ihren Füßen ein blauer Plastiksack, voll mit den kleinen Heimlichkeiten jener Männer. Die einzigen, die Armida respektiert, sind die wahren Bosse, die Verbrecher mit Eiern, die die Strafe bis zum Ende absitzen. Und sie sind es, die Zellen wie Krankenzimmer haben, perfekt, makellos, es sind die, die nie Fehler machen. Aber sie sind die gefährlichsten. Armida, geschützt von ihrer schicksalhaften Uniform, blickt ihnen direkt in die Augen. Sie sagen sich nichts mit diesen Blicken, es sind unvermittelbare Welten. Staat gegen Staat. Sie misstrauen sich, sie stehen einander gegenüber und der eine bestärkt den anderen. Sie dort sprechen nicht, und wenn sie sprechen, sagen sie Sie zu ihr und nennen sie «dottore» und ihren Namen nennen sie nie. Das Neonlicht ist überall, die Taschenlampen der Beamten dringen auch in die kleinsten Winkel ein, wie das Wasser. Das Gefängnis, die Abteilungen und alle Gebäude werden überflutet, dann fließt das Licht ab und hinterlässt alles gesäubert. Aber die Rache ist versteckt vorhanden. Armida riecht ihren Geruch, aber es gelingt ihr nicht, sie zu greifen und das macht sie wütend, sie wird erbarmungslos. «Kontrolliert jede Sache. Und wer etwas abzugeben hat, soll es gleich tun, das macht es für alle einfacher»: sie schreit nie, aber ihre Stimme ist klar und deutlich. Hosen mit großen Seitentaschen und in Tarnfarbe, kämpft sie ihren Kampf in einer Mistralnacht. Die Gefangenen werden aus den Zellen getrieben. Gesicht an die Wand. Nackt machen sie Dutzende Kniebeugen. Die Hände der Beamten, in Gummihandschuhen steckend, kommen überall hin. In jedes Mauerloch, in jede Körperspalte. Eindringend, entschlossen, brutal. Die Stimmen hallen. Eisen von Gittern, Feldbetten, Schlüsseln.

Sie sind im letzten Gebäude. Längst verflogt die Nacht, aber der Wind lässt nicht nach, kalt und anmaßend. Er bläst. Er schlägt gegen die Bürofenster, er drückt die Wellen des Meers gegen die Klippen. Schaum und Wind schlagen zusammen bis an die Umfassungsmauern.

Ein Mann, er könnte sechzig sein oder vielleicht vierzig, ein Mann ohne Alter, der Jahre erlebt hat, die wie Jahrzehnte zählen, beobachtet sie starr. Armida bemerkt diese bohrenden Augen in ihrem Rücken. Sie dreht sich um. Sie nähert sich dem Mann. Es ist ein 41 a. Sie ist bereit, ihn in Isolationshaft zu stecken. Sie ist zu allem bereit. Er hebt den rechten Arm. Armida spannt die Muskeln an, die Waden, die Beine, die Brust. Die Hand liegt auf dem Halfter. Ihre Männer sind weit, alle mit dem Kopf nach unten in den Zellen, um Wahrheit und Geheimnisse zu finden. Sie versuchen zu verstehen, was hinter dem vorgetäuschten Selbstmord der vergangenen Nacht steckt.

Die Neonröhren verbreiten kaltes Licht. Armida spürt den Blick, aber in der Zelle erkennt sie niemanden. Plötzlich kommt zwischen zwei Gitterstäben eine Hand hervor. Eine langsame Geste, ausgreifend, weich, mit angespannter Hand, mit langen und zitterigen Fingern. «Dottore, das ist ein weites Feld», flüstert der Mann mit feuchten Lippen, die auf dem Eisen ruhen. Der Arm beschließt einen Kreis und der Mann verfällt wieder ins Schweigen. An seinen Platz. Er sagt nichts weiter. Er macht nichts weiter. Nur eine Geste und ein Satz.

Das ist ein weites Feld.

Armida weiß, was das heißen soll, sie weiß, dass die Wahrheit nicht existiert, dass man sie nicht mit Taschenlampen und Knüppeln suchen kann. Sie antwortet nicht. Sie geht an der Zelle vorbei, ohne je den Blick von jenen Gitterstäben zu lösen, hinter denen der Schatten des Mannes verschwunden ist.

Die Durchsuchung wird zu nichts führen. Nur einige Unregelmäßigkeiten von wenig Bedeutung, Schnürsenkel, Briefe und Lebensmittel, die in der Zelle nicht erlaubt sind. Aber die Handlung hinter dem vorgetäuschten Selbstmord bleibt im Dunklen, undurchdringlich. Das Gefängnis hat das Schweigen bewahrt. Und Armida findet sich nach einer Nacht ohne Schlaf beim Morgengrauen im Büro wieder, um einen nutzlosen Bericht zu schreiben. Der Mistral bläst noch. Italien ist weit weg. Die Insel vermischt sich mit dem Glitzern des Mittelmeers und verschwindet im Wasser.

Übersetzung: Thomas Bremer

aus: Cristina Zagaria: *Miserere. Vita e morte di Armida Miserere, servitrice dello Stato.* Palermo: Dario Flaccovio Editore 2006, S. 180-182.

STABILIMENTI PENALI DI PIANOSA
23- febbraio -933

A Sua Eccellenza il Presidente
del Tribunale Speciale –

La comunicazione, che mia madre ha presentato domanda di grazia in mio favore, mi umilia profondamente.
Non mi associo, quindi, a simile domanda, perché sento che macchierei la mia fede politica, che più d'ogni cosa, della mia stessa vita, mi preme.

Il recluso politico
Sandro Pertini –

«Die Mitteilung, meine Mutter habe ein Gnadengesuch zu meinen Gunsten eingereicht, demütigt mich tief. Ich beteilige mich daher nicht an einer solchen Bitte, weil ich finde, dass sie meinen politischen Glauben befleckt, der mir mehr als andere, und selbst als das Leben, am Herzen liegt.»
Brief des nachmaligen Staatspräsidenten Sandro Pertini während der Haft auf Procida, erstveröffentlicht im Blog nonleggerlo.blogspot.it.

Titus Heydenreich

Knast-Inseln im Roman
Elsa Morante, Carlo Lucarelli, Francesca Melandri

Es sei nicht ihre Absicht – so Elsa Morante (1912-1985) in einer kurzen Vorbemerkung –, von den im Buch genannten Orten eine «descrizione documentaria» zu erstellen. Vielmehr folge alles dem «Kriterium der Vorstellungskraft, angefangen bei der Geografie».

Da jedoch im Text Procida Procida heißt, und der Penitenziario Penitenziario («Strafanstalt», auch als Titel eines der Kapitelchen), drängt sich dem Leser die Frage auf, welche Funktion die mit der realen Insel bestens vertraute Autorin sowohl Procida als auch deren (in der erzählten Zeit durchaus aktivem) Karzer verleiht.

Der Text. *L'Isola di Arturo*, 1957 erschienen, bedacht mit dem Premio Strega und das erste von mehreren großen Werken der Autorin (*La Storia*, 1974; *Aracoeli*, 1982, u.a.), entfaltet, wie es in einem Nachwort heißt, «die Geschichte des schwierigen Reifungsprozesses eines Jungen, der praktisch abgeschieden in der unbeweglichen Landschaft der Insel Procida lebt, Seite an Seite mit der eindrucksvollen Anwesenheit der Strafanstalt» («Cronologia» in Morante, S. 385 f.). «Schwierig», »difficile» auch in dem Sinne, dass er, Arturo, im homoerotisch geprägten Ambiente (der oft abwesende Vater Wilhelm Gerace und dessen Freundschaften ...) eines verkommenen Riesenbaus – halb Kloster, halb Bauernhof – nahezu einsam aufwächst. Frauen werden nicht geduldet – und als dann schließlich doch, verächtlich traktiert.

Maturazione. Wie kann man dort reifen? Am Ende ist «l'isola di Arturo» nicht mehr Arturos Insel. Der nunmehr Sechzehnjährige verlässt sie fluchtartig, will sich als Freiwilliger melden (wir schreiben wohl das Jahr 1939 oder 1940), schwankend zwischen Helden- und Todessehnsucht. Ein Adoleszenzroman, wie man eher sagen könnte

– mit, wie so oft, homoerotischen Komponenten und vor allem mit offenem Ende, bestünde doch ein *happy ending* in sichtbar sich manifestierender Reife.

Über dem spannungsreichen Familienalltag – u.a. Arturos zerquälte Beziehung zu der vom Vater als sposa ins Haus gebrachten, blutjungen Nunziatella –, über allem Geschehen unten im Dorf, am Hafen, an den kleinen Mondsichelstränden thront vom Inselkamm aus der Gebäudekomplex des Penitenziario: die zweckdienlich umstrukturierte ehemalige Burg, die Anbauten mit ihren zu lichtarmen Schächten verengten Fenstern (den Fenstern «a bocca di lupo»), das Gemäuer ringsum. «La Terra Murata», «Zugemauertes Land»: so der Titel eines Abschnitts im Werk. In das Geschehen wird der Bau ebenso schrittweise eingeführt wie Arturos geheime Sympathie für dessen Insassen:

> An manchen Tagen sah man dann nach den gewöhnlichen Passagieren die für die Strafanstalt bestimmten Häftlinge von Bord kommen. Bürgerlich gekleidet, aber in Handschellen und von Wachleuten begleitet, wurden sie sofort auf den kleinen Lieferwagen der Polizei geladen, der sie zur Burg hinaufbrachte. Während ihres kurzen Fußweges vermied ich es, auf sie zu blicken: gewiss nicht aus Diskretion, sondern aus Achtung (Morante S. 55).

Die Beschreibung bereitet die wichtige Szene vor, in der Arturo beobachtet, wie dem Dampfboot, das ihm wieder einmal den sehnsüchtig erwarteten Vater bringt, auch ein jugendlicher Häftling in Handschellen entsteigt, entsprechend bewacht und sofort in den wartenden Knastlieferwagen geschoben (S. 272 ff.). Ein Neuling. Arturo bemerkt verblüfft, wie ihm der Vater mit den Blicken folgt. Tage später versucht Arturo, merkwürdige Absenzen des Vaters aufzuschlüsseln. Er schleicht ihm nach – und gerät bergaufwärts mit ihm in die Gassenmäander des Karzer-Ungetüms, ja beobachtet, wie der Vater unter einem der Lichtschacht-Fenster ein Liebeslied anstimmt – und vom Fenster aus mit einem verächtlichen «Vattene, parodia!», «Hau ab, du Witzfigur» (S. 316) abgespeist wird.

Bald darauf wird der Jüngling, vorzeitig entlassen, wieder auftauchen und mit Arturos Vater aufbrechen – wer weiß wohin.

Wichtig in unserem Zusammenhang ist nicht so sehr die Handlung als vielmehr deren weitgehende Einbettung in die Karzerwelt hoch oben auf dem Inselkamm. Das Verhalten des insolenten Kleinkriminellen und die Konsensualität von Wilhelm Gerace bereiten den Zusammenbruch der Zuneigung sowohl der Ehefrau als auch des Sohnes vor. Sekundär natürlich die Frage nach Übereinstimung mit geographischen und baulichen Realitäten. Was zählt, ist, was Elsa Morante in der Ambientierung ihrer Romanfiktion daraus macht. Dasselbe gilt für die politische Verortung des Zeitrahmens. Faschismus und Vorkriegsmonate finden wir erst auf den letzten Seiten und nahezu nebenher. Sie bleiben auch folgenlos für Arturos (nur angedeutete) weitere Lebensphasen außerhalb der Insel.

Gefängnisinsassen auf der Insel Procida
(Aus einer Fotoserie von 1941, Museo Criminologico, Rom)

Die Insel des Gefallenen Engels

Da geht Carlo Lucarelli (geb. 1961) mit dem Faschismus ganz anders um. Viele seiner (Kriminal-)Romane sollen die politische und moralische Depravierung des Ventennio – vom Marsch auf Rom bis in die letzten Zuckungen der Republik Salò – bloßlegen. In *L'Isola dell'Angelo Caduto* (1999) geschieht dies im Zeitrahmen weniger Tage jenes Jahres 1924, in dem der sozialistische Abgeordnete Giacomo Matteotti ermordet wurde. Auf die Insel, auf der seit dem bourbonischen Ottocento ein Karzer für politisch Unliebsame funktioniert, dringt die ‹große Geschichte› aber nur in Gestalt der vom Regime dorthin Verbannten, ferner eines buchstäblich über Leichen gehenden Milizenführers namens Mazzarino, eines nie namentlich genannten, regimekritischen Polizeikommissars und dessen verhaltensgestörter, schwer ansprechbarer Frau Hana sowie etlicher faschistischer oder nichtfaschistischer, skurriler oder nicht skurriler Nebenfiguren, von denen etliche im Lauf

Häftlinge in der Textilwerkstatt der Insel, 1941
(Museo Criminologico Rom)

des kurztägigen Geschehens als z.T. grausig entstellte Leichen aufgefunden werden. Warum aber geht Mazzarino über Leichen? Weil er nur eines kann: brutal herrschen im Kleinen, umgeben von seelenlos unterwürfigen Milizionären. So weiß er mit allen Mitteln zu verhindern, dass sich der telegrafische Befehl aus Rom, die Colonia Penale aufzulösen bzw. zu transferieren, auf der Insel verbreiten kann. Am Ende gibt es zwei Verlierer: den verzweifelt um sich mordenden, schließlich gefassten Mazzarino – und ausgerechnet den commissario, der nach Lösung des Falles mit seiner kranken Frau auf der Insel zurückbleibt, weil für ihn aus der diktatorischen Urbs keine Rückberufungsbefehle (mehr) eintreffen.

Obsolet natürlich die positivistische Frage nach möglichen bourbonischen Insel-Modellen. Wesentlicher ist Lucarellis Absicht, die Knast-Insel zu einem allegorischen Mikrokosmos von Gewaltherrschaft und Widerstand auszugestalten. Eher störend daher die eine oder andere, z.T. geheimbündlerischem Sektenwesen verpflichtete Nebenhandlung; eine Verfilmung (2012) unter demselben Titel – Regie: Lucarelli selbst – blieb erfolglos.

Bufalino und Francesca Melandri

Zumindest en passant sei an *Le menzogne della notte* (1988) von Gesualdo Bufalino (1920-1996) erinnert. Dort sind es vier liberale Widerständler, die auf einer Karzerinsel des Bourbonenkönigs Ferdinand II. auf ihre Hinrichtung warten müssen – es sei denn, sie würden auf ein Verratsangebot des Gefängnisleiters Consalvo de Rentis eingehen. Am Ende geht nicht nur das standhafte Freundesquartett in den Tod. Auch dem Gefängnisleiter, durch unzutreffende Tipps der vier Patrioten zum Verschwörer abgestempelt, bleibt keine Alternative, als durch Selbstmord auf ‹seiner› Insel zu bleiben.

Für *Più alto del mare* (Milano 2012; dt. *Über Meereshöhe*, Blessing, München 2012) von Francesca Melandri (geb. 1964) bleibt die Frage eines konkreten Insel-Vorbilds abermals irrelevant, obwohl vieles für Asinara nördlich von Sardinien spricht. Wichtiger sind die Konstellation von Schicksalen und der politische bzw. familiäre Hintergrund dieser Schicksale.

Der Text präsentiert von Anbeginn die beiden Protagonisten, die auf demselben Fährschiff zur Insel übersetzen, um Angehörige zu besuchen. Zum einen Luisa, deren Ehemann (auch ihr gegenüber gewalttätig) wegen zweier Morde im Jähzorn auf unbestimmte Zeit einsitzt (und später in der Haft sterben wird). Zum anderen Paolo, dessen Sohn in den terroristischen Untergrund abgetaucht war und womöglich im Jahr zuvor (1978) an der Entführung und Ermordung Aldo Moros mitgewirkt hatte. Denkbar verschieden die soziale Herkunft der beiden: Luisa, die Bäuerin, die nach Verurteilung des Mannes alleine den Hof durchbringen und die fünf Kinder großziehen muss – und nach Verlegung des Mannes von Volterra auf die Insel erstmals das Meer zu sehen bekam. Paolo, der Gymnasialprofessor für Philosophie und Geschichte, der unter dem Eindruck terroristischer Vernagelung einiger Schüler und des eigenen Sohnes seinen Job aufgab – jenes Sohnes, der nach einer terroristischen ‹Hinrichtung› lebenslänglich erhielt und so seiner Mutter das Herz brach.

Eine dritte Figur gewinnt im Lauf des Geschehens an Profil: Nitti Pierfrancesco, seit Jahrzehnten Aufseher und im sogenannten ‹carceretto› verantwortlich für die Vergewaltiger, im Alltag leichter zu handhaben als die fanatischen Terroristen. Was Nittis Ehefrau lange nicht erfährt, dann aber das weitere Zusammenleben der beiden trübt: Nicht selten tobt Nitti seinen Frust an wehrlosen Häftlingen aus.

Ein Sturm und ein Autounfall bewirken, dass Paolo und Luisa die Fähre der Rückfahrt verpassen und notdürftig in einem unfertigen Bau untergebracht werden – unter Aufsicht des vielleicht schlafenden, vielleicht wachenden Nitti. Wie nicht anders zu erwarten, kommen Paolo und Luisa sich näher, in nächtlichen Dialogen. Aber nach einem Aufstand im Karzer und der Verteilung der Häftlinge auf andere Orte wird den beiden klar: Sie werden sich nach der Rückfahrt zum Festland nicht wiedersehen. Und doch: Ein Rückblick («Trent'anni dopo», also 2009) illustriert, dass Paolo, der die Begegnung mit Luisa nicht vergessen hat, nun mit dem vorzeitig entlassenen, resozialisierten Sohn zusammenlebt, Luisa wiederum auf ihrem Hof zwar mit einem früheren Schulfreund liiert ist, eine Heirat jedoch ablehnt. Und Nitti Pierfrancesco? Nitti Pierfrancesco, pensioniert und mit Enkeln gesegnet, lebt in einem Häuschen am gegenüberliegenden Ufer, mit Blick auf ‹seine› Insel.

Rückblenden auf den Hof-Alltag, auf den Alltag von Vater und Sohn unterstreichen die Diskrepanz zwischen Normalität und der Zumutung des plötzlichen Schicksals, in der Familie Kriminelle zu haben und diese in einem grausigen Milieu – dem Verhalten der Insassen und Aufseher aller Karzerteile gibt die Verfasserin breiten Raum – einmal monatlich besuchen zu müssen, zu wollen. Darf man am Schluss von einem *happy ending* sprechen? Sofern sie überlebten, konnten die Protagonisten die

Die Mauern von Procida heute (Quelle: panoramio.com)

Insel verlassen. Aber über allen schwebt, in ihrer zurückgewonnenen Normalität, die prägende Erfahrung des einstigen Penitenziario.

Literatur

Elsa Morante: *L'isola di Arturo*. Romanzo. Introduzione di Cesare Garboli. Torino, Einaudi 1995 [^{1}1967].

Carlo Lucarelli: *L'Isola dell'Angelo Caduto*. Torino, Einaudi 1999.

Claudio Paglieri: *La cacciatrice di teste*. Milano, Piemme 2010.

Gesualdo Bufalino: *Le menzogne della notte*. Milano, Bompiani 1988.

Francesca Melandri: *Più alto del mare*. Milano, Rizzoli 2012.

Chistiane Liermann

Kriegsverbrechen 1943-1945. Die Arbeit der deutsch-italienischen Historikerkommission

Im März 2009 nahm die Historikerkommission im Rahmen einer Konferenz im Deutsch-Italienischen Zentrum Villa Vigoni am Comer See ihre Arbeit auf. Damit trat eine völlig neue Instanz des deutsch-italienischen Gesprächs ins Leben, der eine heikle regierungsamtliche Mission übertragen war. Denn die Aufgabe der Kommission bestand gemäß offiziellem Mandat in der «gemeinsamen Aufarbeitung der deutsch-italienischen Kriegsvergangenheit, insbesondere hinsichtlich der italienischen Militärinternierten, als Beitrag zur Schaffung einer gemeinsamen Erinnerungskultur», wie das Ernennungskommuniqué besagte. Der damalige Bundesaußenminister Frank-Walter Steinmeier und sein italienischer Amtskollege Franco Frattini hatten die Gründung der Historikerkommission während der Regierungskonsultationen im November 2008 bei einer Zeremonie in der Gedenkstätte im Sammel- und Durchgangslager «La Risiera di San Sabba» in Triest[1] angekündigt. Kurz darauf wurden von der Bundesrepublik Deutschland und der Republik Italien die Modalitäten der Kommission vereinbart. Dazu gehörte die Zusage absoluter Unabhängigkeit während der auf gut drei Jahre veranschlagten Arbeit.[2]

Delikat war der Auftrag der Historikerkommission, weil im Fokus ihrer Themen das schmerzhafteste Kapitel der deutsch-italienischen Beziehungsgeschichte stand: die Jahre 1943-1945, die Zeit, als aus den Kriegsverbündeten Italien und Deutschland Kriegsgegner wurden, als die Deutschen in weiten Teilen der Halbinsel ein Besatzungsregime errichteten und Hunderttausende Italiener drangsalierten, gefangennahmen, verschleppten, internierten und zur Zwangsarbeit rekrutierten.[3] Viele Italiener verloren dabei ihr Leben, wurden Opfer von Massakern und Repressionsmaßnahmen, während gleichzeitig nicht wenige ihrer Landsleute als Soldaten der faschistischen Republik von Salò an der Seite von NS-Deutschland weiterkämpften.

Im Zentrum der Arbeit der Historikerkommission sollten konkret, wie zitiert, die sogenannten «Italienischen Militärinternierten» (IMI) stehen. Als «Militärinternierte» wurden die vielen hunderttausend Soldaten des regulären italienischen Heeres bezeichnet, die von der Wehrmacht ab September 1943 festgenommen wurden, denen aber gemäß NS-Doktrin der Status von «Kriegsgefangenen» verwehrt blieb. Ihre eigentümliche Situation führte dazu, dass die «IMI» nach 1945 zwar nicht regelrecht vergessen wurden, dass sie aber in keiner der einflußreichen italienischen Interessen- und Opferverbände einen adäquaten Platz fanden und eine eher marginale Rolle im öffentlichen Gedächtnis Italiens spielten. Für Deutschland wird man sogar sagen können, dass dieses Kapitel des II. Weltkriegs unbekannt war. Die deutschitalienische Historikerkommission übernahm also den Auftrag, ein breiteres Publikum mit der Geschichte der «IMI» vertraut zu machen, Einzelschicksale zum Sprechen zu bringen und so auch moralische Wiedergutmachung an einem bislang wenig beachteten Personenkreis zu leisten.

Diesen Auftrag galt es in einem Kontext zu erfüllen, der vielfältige und widersprüchliche Facetten beim Umgang mit der Vergangenheit aufweist. Die Geschichtswissenschaften in Italien und in Deutschland beschäftigen sich seit vielen Jahren, oft auch in gelungenen Kooperationsprojekten, mit den leidvollen Erfahrungen von Diktatur und Krieg. Hier ist man sich in vielen Deutungen und Einschätzungen des komplexen Geschehens einig. Im historischen Gedächtnis der beiden Zivilgesellschaften dominieren hingegen Geschichtsbilder, die ganz unterschiedlich akzentuiert und orientiert sind: Denn im Zentrum der italienischen Erinnerungskultur steht die Erfahrung des Kriegs als eines von den Deutschen oktroyierten, erlittenen Kriegs;[4] in der Beschäftigung der Deutschen mit der Geschichte des Zweiten Weltkriegs bildet der Schauplatz Italien hingegen nur einen buchstäblichen Nebenkriegsschauplatz, und erst vergleichsweise spät hat man begonnen, sich der italienischen Opfer des deutschen Kriegs zu erinnern und nicht nur des ‹Verrats› des ehemaligen Alliierten oder des Partisanenkampfes. Gerade was diese Sichtweise angeht, hat Goebbels Propaganda lange nachgewirkt.[5]

Die Einrichtung der bilateralen Historikerkommission antwortete mithin auf ein ganzes Spektrum von Erwartungen: Da war und ist bis heute allgemein die Forderung nach einer Geschichtskultur, die im Zeichen Europas die nationale Engführung hinter sich lässt und sich um ein gemeinsames historisches Wissen und Erinnern der Europäer bemüht; da war und ist auch die in den Medien wieder und wieder behauptete ‹Abkühlung› des einstmals besonders guten deutsch-italienischen Verhältnisses, die (wenn sie denn zutrifft) nicht einfach fatalistisch hingenommen werden muss; und da waren nicht zuletzt die juristischen Fragen der Wiedergutmachungsansprüche und Entschädigungsprozesse, die zeigen, dass man es mit einer Vergangenheit zu tun hat, die sehr gegenwärtig ist. Vor diesem Hintergrund stellte die Schaffung der deutsch-italienischen Historikerkommission einen wissenschaftlichen Fortschritt dar, aber eben auch eine Geste von hoher symbolischer Bedeutung.

Tatsächlich bilden alle genannten Motive in Wirklichkeit ein ganzes Bündel von Gründen, die schon je für sich eine eigene Historikerkommission oder zumindest eine tiefergehende Erörterung verdienen, im Gelehrtenkreis, aber erst recht im breiten Publikum. Man denke an den immer wieder vorgetragenen Wunsch der Europäer nach einer «gemeinsamen Geschichte». Wesensmerkmal einer solchen gemeinsamen Geschichte, die man zweifellos erzählen kann, ist jedoch gerade ihre tiefe, von kriegerischen Konflikten und ideologischen Auseinandersetzungen geprägte Pluralität. Die einzelnen Nationen Europas verfügen über heterogene Biografien, aus denen sich ganz unterschiedliche Erinnerungen speisen, die sich nicht einfach zu einem gemeinsamen europäischen Gedächtnis addieren lassen. Das Kaleidoskop der nationalen Erinnerungsnarrative produziert noch kein europäisches Geschichtsbild, an dem alle Bürger gleichermaßen partizipieren können. Die Doppelbedeutung, wie sie in dem deutschen Wort von der «geteilten Geschichte» der Europäer steckt, fängt die Ambivalenz von Integration und Separierung bildhaft ein. Der Appell an eine «gemeinsame Erinnerung» der Europäer, der das Leitmotiv der Arbeit der Historikerkommission darstellte, zielt daher sinnvollerweise zunächst einmal nur bescheiden auf den Abgleich pluraler Geschichten.

Eine weitere Bühne, auf der die Historikerkommission zwangsläufig agieren musste, ist das stets hochsensible deutsch-italienische Verhältnis, dessen Zustand seit einigen Jahren mit dem Schlagwort von der «schleichenden Entfremdung» gekennzeichnet wird.[6] Sicher sind seit den frühen 1990er Jahren mit den traditionellen Parteien auf italienischer Seite wichtige Kanäle weggebrochen, die jahrzehntelang zwischen deutscher und italienischer politischer Kultur als Gesprächsvermittler aktiv waren. Und gewiss haben die Jahre des Berlusconismus den deutschen Blick auf das politische Italien noch kritischer werden lassen, als er tendenziell sowieso ist. Gerade wenn man der These von der «schleichenden Entfremdung» zwischen Deutschen und Italienern folgt, wird allerdings auch rasch deutlich, dass die spezifischen deutsch-italienischen Beziehungen einen Seismographen des allgemeineren gesamteuropäischen Klimas darstellen, das sich in den Krisenzeiten der vergangenen Jahre als verblüffend fragil erwiesen hat. Die Historikerkommission hatte es also, jenseits ihres im engeren Sinne wissenschaftlichen Anliegens, mit einem Erwartungshorizont zu tun, in dem die Tragfähigkeit symbolpolitischer Gesten neu zu vermessen ist.

Einen bedeutenden Grund und Hintergrund für die Arbeit der Kommission bildeten zudem, wie angedeutet, zahlreiche strittige Rechtsfragen als Spätfolgen des Krieges. Hier kam ein Aufklärungs- und Prozessschub in Gang, als Mitte der 1990er Jahre Quellenmaterial auftauchte, das die Beteiligung und Verantwortung an einigen der Massaker dokumentierte, die von Deutschen in den letzten Kriegsjahren an der italienischen Zivilbevölkerung begangen worden waren. Gleichzeitig liefen in Italien Gerichtsverfahren gegen die Bundesrepublik auf Entschädigung für das erlittene Unrecht. Sie betrafen nicht nur die Nachfahren der zivilen Opfer, sondern auch das IMI-Problem, weil es unter anderem um die Frage ging, ob italienische Militärinternierte, sofern sie verschleppt und zur Arbeit gezwungen worden waren, als «Zwangsarbeiter» anzusehen und entsprechend in die deutsche Entschädigungspolitik einzureihen seien. Als besonders spektakulär erwies sich ein in Italien geführter Prozess auf Zahlung von Entschädigungsleistungen an die Nachfahren griechischer Opfer eines Massakers während der deutschen Besatzung dort. Ausgerechnet die Villa Vigoni, die nach dem Willen ihres Stifters, der selbst ein IMI war, *der* Symbolort der deutsch-italienischen Verständigung sein soll, wurde dabei mit einer Zwangshypothek belegt – ein durchaus übliches, in diesem Fall besonders medienwirksames Rechtsinstrument, um die Anwaltskosten abzusichern. Das höchste italienische Gericht gab den Klägern letztinstanzlich recht, woraufhin die Bundesrepublik vor dem Internationalen Gerichtshof die Republik Italien wegen Verletzung ihrer staatlichen Immunität verklagte. Im Frühjahr 2012 gab der Internationale Gerichtshof dieser Klage statt und verurteilte Italien zur Rücknahme des Urteils seines Kassationsgerichts, empfahl den Streitparteien jedoch in einem nicht rechtsverbindlichen Zusatzkommentar, in Sachen Entschädigung gemeinsam nach verträglichen Wegen zu suchen. Diese Serie von Klagen, Prozessen und Urteilen – gewissermassen der *Basso Continuo* der Arbeit der Historikerkommission – war, wie nicht anders zu erwarten, von erheblichen, für die Medien attraktiven Spannungen und Irritationen begleitet. Soweit der Eindruck nicht trügt, verliefen diese aber keineswegs ausschließlich entlang der nationalen Bruchlinie. Die Fragen nach Entschädigung und Wiedergutmachung, nach dem Sinn der Verurteilung alter Männer für ihre Verbrechen vor siebzig Jahren, nach dem Aufrechnen von Schuld und deren politischer Instrumentalisierung für die Gegenwart waren und sind in der italienischen wie in der deutschen Gesellschaft umstritten.

Last but not least: Die deutsch-italienische Historikerkommission siedelte sich in einem Umfeld an, das nach seiner deutschen Seite hin vom Bedürfnis nach staatlichen historischen Kommissionen gekennzeichnet scheint. Zu beobachten ist ja tatsächlich eine Konjunktur von offiziell bestallten Aufklärungsinstanzen an der Schnittstelle von wissenschaftlicher Durchdringung historischer Tatsachen einerseits und öffentlichkeitstauglicher, später, aber offenbar gesellschaftlich für opportun gehaltener Konfrontation mit der NS-Vergangenheit und deren Verarbeitung in der jungen Bundesrepublik andererseits.[7] Alle diese Initiativen sehen sich kritischen Fragen nach ihrer Legitimation gegenüber. Moniert wird die Gefahr der Instrumentalisierung von Wissenschaft zum Zweck der politischen Serviceleistung: Eine symbolische Alibi- und ‹Feigenblatt›-Funktion wird vermutet, zumal wenn wie im deutsch-italienischen Fall handfeste materielle Leistungen ausbleiben.

Die deutsch-italienische Historikerkommission hat eine Reihe von Arbeitssitzungen beim Deutschen Historischen Institut in Rom, in München beim Institut für Zeitgeschichte, in den Außenministerien in Rom und Berlin sowie in der Villa Vigoni abgehalten. Zahlreiche externe Spezialisten aus Deutschland und Italien wurden hinzugezogen und mit Forschungsaufträgen oder Projektentwürfen betraut.

Am 19. Dezember 2012 präsentierte die Kommission dann in Rom im italienischen Außenministerium ihren gedruckten Bericht (www.villavigoni.eu). Inzwischen hatte, wie gesagt, auch der Internationale Gerichtshof in Den Haag sein Urteil gesprochen und der Klage der Bundesrepublik stattgegeben. Demzufolge wurde bei der Präsentation des Berichts in Rom im Beisein der Außenminister Guido Westerwelle und Giulio Terzi di Sant'Agata das Entschädigungs- und Wiedergutmachungsthema zwar am Rande gestreift, es stand aber nicht im Mittelpunkt. Das war trotz der hohen Erwartungen seitens italienischer Verbände von ehemaligen Militärinternierten, Heimkehrern und Widerstandskämpfern konsequent, hatte die Historikerkommission doch zu dieser hochsensiblen Problematik kein Mandat erhalten und dazu auch nicht explizit Stellung genommen.

Ihr Arbeitsprogramm stand vielmehr unter dem Konzept der binationalen Erfahrungsgeschichte. Ein solcher methodischer Ansatz geht davon aus, dass sich Erfahrung als Ergebnis eines komplexen Wechselspiels von subjektiver Verarbeitung von Erlebtem und überindividuellen Angeboten zur Deutung des vergangenen Geschehens herausbildet. Erfahrungsgeschichte fragt dann nach sich verändernden Grundmustern kollektiver Erinnerung. Kriege sind es, die in besonderer Weise sowohl individuelle Erfahrungen, als auch familiäre Traditionen, als auch das kollektive Gedächtnis ganzer Gesellschaften und politischer Kulturen prägen.[8] Gerade der Blick auf die deutsch-italienischen Beziehungen, so die Arbeitshypothese der Historiker, ist in hohem Maße von Erfahrungen durchwirkt, die dem Krieg geschuldet sind: Erfahrungen, die Kriegsteilnehmer wie Zivilisten gemacht und an nachfolgende Generationen über das Familiengedächtnis und mittels kulturell geformter Deutungsmuster weitergegeben haben. Es galt also zu fragen: Wie haben Italiener und Deutsche den teils gemeinsam, teils gegeneinander geführten Krieg erlebt? Wie haben sie sich daran erinnert und wie wurden diese Erinnerungen in Erzählungen überführt und tradiert? Arbeitsziel war es mithin, der erfahrungsgeschichtlichen Dimension der deutsch-italienischen Kriegsvergangenheit, deren Voraussetzungen und langfristigen Folgen Rechnung zu tragen. Denn wenn auch der deutliche Schwerpunkt der Kommissionarbeit auf den Monaten zwischen September 1943 und April/Mai 1945 lag, so herrschte doch Konsens, dass diese furchtbare Zeit ohne die Einbeziehung der Vor- und Nachgeschichte unverständlich bleiben würde. Aus diesen grundsätzlichen Überlegungen entwickelte die Historikerkommission ihr Arbeitsprogramm um drei Kernbereiche herum. Wie es ihrem Auftrag entsprach, beschäftigte sie sich insbesondere mit den italienischen Soldaten, die zwischen 1943 und 1945 im deutschen Machtbereich interniert waren und die lange als «verraten, verachtet, vergessen» galten.[9] Ihre Biografien sollten in besonderem Maße gewürdigt werden. Daher hat die Kommission mit der Unterstützung der von ihr hinzugezogenen Fachleute die in vielen Archiven in Deutschland, Italien, im Kirchenstaat und in der Schweiz verstreuten Unterlagen zu den IMI verzeichnet und soweit durch einen «Archivführer» erschlossen, dass sie nun für die weitere Forschung leichter und systematischer als zuvor zugänglich sind.

Sodann hat sie sich mit dem Einsatz der deutschen Streitkräfte auf dem italienischen Kriegsschauplatz befasst, der bisher nicht umfassend untersucht worden ist. Konkret ging es hier um die Frage nach den Einstellungen oder eben ‹Erfahrungen› der deutschen Soldaten während des Kriegs auf der Halbinsel.

Den dritten Forschungsschwerpunkt bildeten die Erfahrungen der italienischen Zivilbevölkerung in Krieg, Bürgerkrieg und unter der deutschen Besatzung. Eine digitale Datenbank wurde erstellt, die die deutschen Übergriffe und Verbrechen erfasst. Für alle drei Schwerpunkte hat die Historikerkommission in staatlichen und privaten Archiven Quellen gesammelt, gesichtet, systematisiert und ausgewertet. Eine Anthologie mit ausgewählten Stücken aus der vorwiegend deutschsprachigen Erinnerungsliteratur ist derzeit in Bearbeitung.

Ein Ergebnis quantitativer Natur ist zunächst einmal die Erkenntnis, dass man es mit einem außerordentlich umfangreichen, in dieser Dimension unerwarteten, zum großen Teil innovativen Quellenmaterial zu tun hat, das die bekannten Grunddaten erheblich vertieft, aber in der Substanz die wissenschaftliche Gesamtdeutung nicht modifiziert, also keine ‹Revision› einklagt. Die deutsch-italienische Geschichte muß nicht ‹umgeschrieben› werden. Aber sie verdient es, in ihren Facetten differenzierter wahrgenommen zu werden.

An drei Schwerpunktthemen sei dies knapp illustriert. Was die «Militärinternierten» angeht, so ist die Betonung der Größenordnung wichtig. Weit über sechshunderttausend italienische Soldaten wurden auf zum Teil groteske Weise entwaffnet, gefangengesetzt, nach Norden transportiert und über die zahllosen Lager des deutschen Herrschaftsgebiets verstreut. Man vermutet, dass kaum die Hälfte von ihnen überlebt hat. Das sind unendlich viele Einzelschicksale, die zum großen Teil in Vergessenheit geraten sind. Denn sie repräsentieren auch für Italiens eigene ‹Vergangenheitsbewältigung› eine problematische Gruppe, nicht zuletzt weil sie ein unablässiges *Memento* für das Versagen der italienischen Heeresleitung bilden; aber auch weil sie vor die Entscheidung gestellt wurden, in deutscher Gefangenschaft zu bleiben oder ‹frei› zu kommen unter der Bedingung, für Mussolinis Rumpfstaat an der Seite Hitler-Deutschlands weiterzukämpfen. Damit wurde diesen Männern eine Konfliktsituation aufgezwungen, für die es keine moralisch eindeutige Lösung gab – ein tragisches Dilemma, auf das die Nachkriegsgesellschaft mit weitgehendem Beschweigen reagiert hat. Auch die modisch gewordene Selbstbeschreibung als «Hitlers Sklaven»[10] bot und bietet nicht für alle Betroffenen eine akzeptable Deutung des eigenen biographischen Wegs.

Die Kommission legt nun ein Archivinventar zur Geschichte der Militärinternierten vor, das zeigt, welche Fülle von Material über deren Schicksale Auskunft gibt. Dazu gehören Karteien zur Registrierung der Einweisung in eines der Lager, Berichte Geistlicher oder Mediziner, Rote Kreuz-Dateien, Rückkehrerverzeichnisse, die Bestände von Hilfs- und Unterstützungskomittees der italienischen Befreiungsverbände, Archive der regionalen Militär- und Polizeibehörden. Auf diese Weise lassen sich Lebenswege zumindest in groben Zügen rekonstruieren. Des Weiteren wurde eine Sammlung autobiografischer Texte von Militärinternierten vorbereitet: Aufzeichnungen, Erfahrungsberichte, Narrative des Überlebens und Erinnerns.

Ein zweiter Komplex betrifft die Omnipräsenz der Gewalt des Besatzungsregimes. Die Kommission legt eine Datenbank zu den Gewalttaten deutscher Soldaten, SS-Leute und Angehöriger der diversen Polizei- und ‹Sicherheits›-Einheiten in Italien vor. Dazu wurden polizeiliche Registraturen und Datenbestände, Polizei- und Gerichtsakten, aber auch die einschlägige Memorialistik ausgewertet. Deutlich wird, dass Übergriffe und Gewalttakte von deutscher Seite flächendeckend und permanent vorkamen: Sie bildeten den ‹Alltag› der Zivilbevölkerung unter deutscher Besatzung.[11] Diese erschütternde Kartografie ist wichtig, weil sie die seit langem bestehende Gedenkkultur zu Ehren der Opfer der großen deutschen sogenannten ‹Vergeltungsmaßnahmen› ergänzt. Um diese hat sich im Laufe der Jahrzehnte eine Erinnerungsliturgie entwickelt, die spätestens seit dem Besuch von Bundespräsident Johannes Rau im Jahr 2001 in Marzabotto auch von deutscher Seite für starke moralisch-politische Botschaften genutzt wird. Aber solche Schamrituale und Friedensappelle sind dekontexualisiert und enthistorisiert, ebenso wie es die zum Monument geronnene *Resistenza* ist. Dagegen liefert die Datenbank der Kommission Material, das die konkreten Lebens- und Leidensumstände der Zeitgenossen erhellt, indem es die massive deutsche Repressionspolitik in ihrer bedrückenden Alltäglichkeit dokumentiert, so wie sie für die Kriegserinnerung der Italiener tatsächlich lange Zeit das beherrschende Thema bildete.

Die Kippfigur zu diesem dominanten italienischen Erinnerungsmuster bildet der dritte Komplex der Ergebnisse der Kommission. Er besteht in dem Versuch, die Erlebnisse, Verhaltensschemata und Selbstdeutungen der deutschen Soldaten mit den Methoden der Erfahrungsgeschichte auszuwerten. Die Kommission kann aufgrund des untersuchten Quellenmaterials zeigen, dass auch in Bezug auf Italien der deutsche Nachkriegsmythos von der ‹sauberen Wehrmacht› weitererzählt wurde. Prozesse wegen in Italien verübter Gewalttaten und Kriegsverbrechen gab es in Deutschland praktisch nicht. Die Kommission macht zudem deutlich, dass die in Italien operierenden deutschen Soldaten überwiegend sehr jung waren. Für viele von ihnen war es der erste Kriegseinsatz. Aus ihren Selbstzeugnissen geht hervor, dass sie die leicht eingängigen Deutungsmuster und Rechtfertigungsfloskeln der Kriegspropaganda, gerade im Umgang mit der bewaffneten Resistenza, auch für ihre persönliche Sinnstiftung und Handlungsmotivation übernahmen. Zur Angst vor Überfällen kam die propagandistisch vorformulierte Verachtung für die ‹italienischen Verräter› und den ‹ehrlosen› Kampf der Partisanen. All dies ließ die Hemmschwelle zur Gewalt selbst gegenüber der Zivilbevölkerung sinken. Die Kommission erinnert aber auch an die idyllisierende Italien-Wahrnehmung zahlreicher deutscher Soldaten, die das Kampfgeschehen phasenweise regelrecht ausblendeten und mit fast touristischem Blick Land und Leute erkundeten.

Das Fazit der Historiker unterstreicht folgerichtig die Dichotomie der erinnerten Vergangenheit in Italien und Deutschland: «So eng die deutsche und die italienische Geschichte in der Zeit des Zweiten Weltkriegs miteinander verflochten war, so weit ist die historische Erinnerung daran später auseinander gegangen», heißt es in ihrem Abschlußbericht. Die disparaten Narrative verfestigten sich und wurden lange Zeit unkritisch tradiert, weil sie in ihrem jeweiligen sozialen Kontext offenbar eine wichtige Identifikations- und Stabilisierungsfunktion erfüllten. Deren Kehrseite waren pauschale Feindbilder, die in Italien wie in Deutschland fortdauerten, auch als es nach dem Krieg zwischen den beiden Ländern zu Wiederannäherung und partnerschaftlicher Politik im Geist der europäischen Einigung kam. Vor dem Hintergrund dieses Befundes ist die Kommission skeptisch gegenüber der euphorischen Erwartung einer ‹gemeinsamen Erinnerung› von Italienern und Deutschen. Angesichts der Distanz zwischen den Erfahrungsbeständen hüben und drüben möchte man die Mahnung der Kommission fast kühn nennen, wenn sie schreibt: «Zugespitzt gesagt müssten die Deutschen in ihrer historischen Erinnerungskultur anerkennen, dass die Italiener nicht nur Mittäter waren, sondern auch Opfer. Die Italiener ihrerseits müssten akzeptieren, dass sie nicht nur Opfer waren, sondern in gewissem Umfang auch Helfershelfer und Mittäter» (S. 21). Ob die Empfehlung, eine Gedenkstätte für die IMI im ehemaligen Zwangsarbeiterlager von Niederschöneweide am Rande Berlins zu errichten, zur Annäherung der Erinnerungskulturen beiträgt, wird sich zeigen müssen. Mit ihrer Zurückhaltung bewegt sich die Historikerkommission zweifellos auf der Linie der heutigen Geschichts-

Die deutsch-italienische Historikerkommission 147

wissenschaft, die nicht mehr nach den Konstruktionsmöglichkeiten einer gemeinsamen *Memoria* für Europa fragt, sondern nach den Kriterien einer gemeinsamen Kultur des Erinnerns und kompatibler Geschichtsbilder. Eher als «shared narratives» strebt man «shareable narratives» an;[12] das heißt, letztlich geht es um die Bereitschaft, die eigene Geschichte als eine von sehr vielen, sehr unterschiedlichen möglichen Geschichten der europäischen Völker zu erzählen.

Anmerkungen

[1] Rolf Wörsdörfer, «Die Risiera di San Sabba – ein NS-Konzentrationslager am Ufer der Adria», in: Martin Kronauer, Julijana Ranc, Andreas Klärner (Hg.), *Grenzgänge. Reflexionen zu einem barbarischen Jahrhundert*, Frankfurt/M. 2006, S. 260-276.

[2] Zur Deutsch-Italienischen Historikerkommission gehörten die beiden Präsidenten, Prof. Dr. Mariano Gabriele (Rom) und Prof. Dr. Wolfgang Schieder (Köln/Göttingen), die beiden Wissenschaftlichen Koordinatoren, Dr. Lutz Klinkhammer (Rom) und Prof. Dr. Aldo Venturelli (Berlin), sowie die Kommissare Dr. Carlo Gentile (Köln), Dr. Gabriele Hammermann (Dachau), Prof. Dr. Paolo Pezzino (Pisa), PD Dr. Thomas Schlemmer (München), Dr. Valeria Silvestri (Rom), Dr. Hans Woller (München). Das Wissenschaftliche Sekretariat war beim Deutsch-Italienische Zentrum Villa Vigoni e.V. angesiedelt.

[3] Die meisten Mitglieder der Historikerkommission sind durch Studien zu diesen Themen hervorgetreten, z.B. zuletzt. Carlo Gentile, *Wehrmacht und Waffen-SS im Partisanenkrieg. Italien 1943-1945*, Paderborn 2012.

[4] Aus der umfangreichen Literatur zum Thema Filippo Focardi, *Il cattivo tedesco e il bravo italiano. La rimozione delle colpe della seconda guerra mondiale*, Rom/Bari 2013.

[5] Vgl. Joachim Staron, *Fosse Ardeatine und Marzabotto. Deutsche Kriegsverbechen und Resistenza. Geschichte und nationale Mythenbildung in Deutschland und Italien (1944-1999)*, Paderborn 2002; Kerstin von Lingen, *Kesselrings letzte Schlacht. Kriegsverbrecherprozesse, Vergangenheitspolitik und Wiederbewaffnung: Der Fall Kesselring*, Paderborn 2004.

[6] Vgl. Gian Enrico Rusconi/Thomas Schlemmer/Hans Woller (Hrsg.): *Schleichende Entfremdung? Deutschland und Italien nach dem Fall der Mauer*, München 2008.

[7] Der bekannteste Fall ist natürlich die Studie zur Geschichte des Auswärtigen Amtes, vgl. Eckart Conze, Norbert Frei, Peter Hayes, Moshe Zimmermann, *Das Amt und die Vergangenheit: Deutsche Diplomaten im Dritten Reich und in der Bundesrepublik*, München 2010; vgl. dazu auch Paolo Fonzi, «La Germania e il suo passato. Il «mito» del ministero degli Esteri durante il nazismo», in: *Contemporanea*. 15 (2012), 2.

[8] Vgl. zur Methodologie der ‹Erfahrungsgeschichte› auch Jörg Echternkamp und Stefan Martens (Hrsg.), *Der Zweite Weltkrieg in Europa. Erfahrung und Erinnerung*, Paderborn 2007.

[9] So lautet der Untertitel der Pionierstudie von Gerhard Schreiber, *Die italienischen Militärinternierten im deutschen Machtbereich, 1943 bis 1945: Verraten – Verachtet – Vergessen*, München 1990. Vgl. auch Gabriele Hammermann, *Zwangsarbeit für den Verbündeten. Die Arbeits- und Lebensbedingungen der italienischen Militärinternierten in Deutschland 1943–1945*, Tübingen 2002.

[10] Vgl. beispielsweise die Initiative des Instituts für Zeitgeschichte in Como: Istituto di storia contemporanea «Pier Amato Peretta» – Sezione Centro Schiavi di Hitler – Como, www.schiavidihitler.it

[11] Vgl. bereits Gerhard Schreiber, *Deutsche Kriegsverbrechen in Italien. Täter, Opfer, Strafverfolgung*, München 1996.

[12] Vgl. Aleida Assmann, «Von kollektiver Gewalt zu gemeinsamer Zukunft. Vier Modelle für den Umgang mit traumatischer Vergangenheit», in: Wolfgang E. Assmann, Albrecht Graf von Kalnein (Hrsg.), *Erinnerung und Gesellschaft. Formen der Aufarbeitung von Diktaturen in Europa*, Berlin 2011, S. 25 – 42.

Notizbuch

Die ‹Roseninsel› vor Rimini
Walter Veltroni erzählt die Geschichte einer Utopie-Insel von 1967

Walter Veltroni ist nicht unbedingt für literarische Texte berühmt, eher bringt ihn das Gedächtnis mit einem um die Welt gegangenen Foto des Bürgermeisters von Rom (was er von 2001 bis 2008 war) auf dem Fahrrad in Verbindung, der durch die Ewige Stadt radelt, um auf die (aller-allerersten existierenden...) Fahrradwege hinzuweisen. Zuvor war er Chefredakteur der linken, ex-kommunistischen Partei-Tageszeitung *L'Unità*, sowie im ersten Kabinett Prodi stellvertretender Ministerpräsident und Kulturminister, danach dann – inzwischen als basisdemokratisch gewählter Vorsitzender des Partito Democratico – Ministerpräsidentenkandidat gegen Berlusconi (2008). Aber immerhin hat er fast zwanzig Bücher veröffentlicht, darunter sechs belletristische Werke auf beachtlichem Niveau, und 2006 einen ersten Roman, *La scoperta dell'alba*, der eine Auflage von 300.000 Exemplaren hatte und in neun Sprachen, darunter auch ins Deutsche, übersetzt wurde (*Die Entdeckung des Sonnenaufgangs*, Klett-Cotta, Stuttgart 2010).

Der zweite Roman heißt *L'isola e le rose* (Rizzoli, Milano 2012), und insofern darf der Hinweis darauf in einem Insel-Schwerpunkt nicht fehlen. Ist es ein Roman? Auf dem Schutzumschlag wird die Gattungsfrage mit dem Untertitel «Il romanzo di un'incredibile storia vera» beantwortet, die außer auf den Romancharakter auf den historischen Hintergrund des Geschehens verweist – auf dem Titelblatt im Inneren des Buches fehlen alle Präzisierungen außer dem reinen, nackten Buchtitel.

Um was es geht, ist nicht so ganz schnell erzählt. Ein erster Teil heißt «Oggi» und präsentiert die (oder einige) handelnden Personen, das eigentliche Projekt, um das es geht, beginnt erst auf Seite 59 ff. unter dem Titel «Giugno/Juni 1967». Die entscheidenden Überlegungen finden sich erstmals auf Seite 72: «Warum bauen wir nicht eine Insel, eine Plattform, ein Ort, wo sich Leute treffen können? Eine Art Kunstgemeinschaft». Natürlich ist das alles verrückt, aber immerhin (die Handlung spielt durchgängig in Rimini), das Meer ist vorhanden, Künstler, Jugendliche, allerlei nicht dem Mainstream entsprechende andere Akteure auch. Das Ganze ist noch etwas größer gedacht: die Insel soll außerhalb der Seerechtszone und damit des Hoheitsgebietes von Italien sein (entsprechende Überlegungen hatten ja auch die Begründer der sardischen ‹Unabhängigkeits-Insel› Malu Entu angestellt; vgl. in diesem Heft S. 63), und als Umgangs- und Gemeinschaftssprache soll Esperanto dienen.

So verrückt das Ganze klingt, es gelingt sogar. Es finden sich – was zunächst am unwahrscheinlichsten war – Geldgeber, unter anderem der Vater eines der Beteiligten und Besitzer des Grand Hotel in Rimini, dem das Konzept einleuchtet («Una piccola locanda sul mare. Molto esclusivo. Per scrittori e artisti»); zu den Begründern gehört ein Ingenieur, der imstande ist, das Unternehmen zu berech-

Walter Veltroni 2008 in Triest, Foto: Andreas Caranti
(Foto: www.wikipedia.it)

nen; die Größe wird auf 20 x 20 Meter, also 400 Quadratmeter festgelegt. Viele Hoffnungen knüpfen sich an das Projekt («hier werden wunderbare Gedichte und Lieder entstehen»), und trotz einiger Rückschläge – das Meer ist zu unruhig für die Verankerung, der eigentlich geplante Eröffnungstermin ist nicht zu halten – nimmt es Gestalt an.

Der erste massive Gegenwind kommt von Presseartikeln: «Außerhalb von Rimini und den italienischen Hoheitsgewässern haben unbekannte Unternehmer ein Gebäude errichtet, das im Meeresboden verankert ist. Polizei, Zoll und Gegenspionage sind in Alarmbereitschaft: ist es eine Abschussrampe für Raketen? Ein Piratenradio? Ein Spielcasino? Oder ein exzentrischer Nachtclub?», fragt einer. Kein Wunder, dass andere Zeitungen die entgegengesetzte Richtung einschlagen und die Initiative verteidigen; so heißt es bald, «die Angelegenheit der ‹Prateninsel› ist der größte Werbeerfolg in der ganzen Welt, den Rimini jemals hatte». Am Abend des 1. Juni 1967 sind über hundert Jugendliche aus Rimini mit einem Bootsfahrdienst gekommen, die «Roseninsel» – «Isola della rosa» auf Italienisch, «Insulo de la Rozoj» auf Esperanto – konstituiert sich. Es gibt eine Bar, laute Musik, die ‹draußen› niemanden stört, eine Tanzfläche.

Aber das Glück ist nicht von langer Dauer. Gleich nach den Parlamentswahlen im Sommer gibt es die ersten Anfragen an die neue Regierung; die Hafenbehörden von Rimini erkunden die Insel; die vorher positiv berichtenden Zeitungen rücken langsam und unter politischem Druck von ihrer Linie ab. Zwar ist die Insel den Juli und August über der Schlager der Tourismussaison mit vielen Booten, die zu Besuch kommen, umso mehr angelockt, als die Jugendlichen auf ihr inzwischen eine Radiostation errichtet haben und Musik spielen, die die staatliche RAI eher selten bringt. Aber die Tage sind gezählt; trotz zahlreicher Solidaritätsadressen setzt sich am Ende die Republik Italien mit ihrer staatlichen Gewalt durch. Der Bericht schließt mit drei Fotos, aufgenommen aus zunehmender Entfernung, die zeigen, wie die ‹Roseninsel› in Brand gesetzt und gesprengt wird.

Dann noch einmal ein kurzes Kapitel «Oggi» und vor allem die Danksagungen an die noch lebenden und namentlich genannten Beteiligten, die Veltroni berichtet und Material überlassen haben, das er – so könnte man sagen – ‹dramatisiert›, ausgeschmückt, in Dialoge der jugendlichen Protagonisten umgeformt hat. In diesem Sinne ist es ein Roman – der Romanbericht von einer Insel, die nur einen Sommer lang existiert hat.

Thomas Bremer

Walter Veltroni: *L'isola e le rose. Il romanzo di un'incredibile storia vera*. Milano: Rizzoli 2012.

«Ohne Mythos gibt es keine Kunst»
Eine Piero Manzoni-Retrospektive im Frankfurter Städel

Der im Alter von 29 Jahren gestorbene Piero Manzoni (1933 -1963) gilt trotz seines kurzen Lebens als einer der folgenreichsten Künstler der italienischen Nachkriegskunst. Am 13. Juli 2013 wäre Manzoni 80 Jahre alt geworden. Aus diesem Anlass ehrte das Städel Museum diesen zentralen Künstler der europäischen Nachkriegsavantgarde.

Die groß angelegte Präsentation im Frankfurter Städel war Manzonis erste Retrospektive im deutschsprachigen Raum sowie außerhalb Italiens seit über zwanzig Jahren. Zuletzt hatte das Musée d'Art Moderne de la Ville de Paris 1991 Manzoni in einer umfassenden Schau gewürdigt. Über hundert Arbeiten aus allen Schaffensperioden wurden für die diesjährige Ausstellung zusammengetragen und ermöglichten einen komplexen Einblick in ein bis heute virulentes Werk. Die Radikalität von Manzonis facettenreicher künstlerischer Position zwischen Informel und dem Aufkommen eines neuen Kunstbegriffs, zwischen klassischer Moderne und Neoavantgarde, zwischen Kunst und Alltag berührt bis heute.

Sein bekanntestes Werk, das Multiple *Merda d'artista* von 1961, wurde als provokanter Bruch mit der Kunsttradition einerseits begeistert aufgenommen, von anderen jedoch als Zeichen der Dekadenz und Degeneration zeitgenössischer Kunst heftig kritisiert. Das Kunstwerk besteht aus einer fest verschlossenen Konservendose, dessen Inhalt laut Aufschrift aus 30 Gramm Fäkalien des Künstlers besteht, die er für knapp 40 Dollar, angelehnt an den damaligen Goldpreis, zum Kauf anbot. Die Verbindung von Kot und Gold ist seit der altbabylonischen Lehre, über Sigmund Freud («Es ist möglich, dass der Gegensatz zwischen dem Wertvollsten und dem Wertlosesten, das [der Mensch] als Abfall von sich wirft, zu dieser bedingten Identifizierung von Gold und Kot geführt hat») bis hin zu Salvador Dalí («Gold und Scheiße [ist] ein und dasselbe») immer wieder gezogen worden. Bei Manzoni mag es aber eher das Interesse an Transformationsprozessen und der Spaß an einem sich zur Reliquie verwandelnden Objekt gewesen sein, was ihn zu dieser Aktion veranlasst hat. Dabei ist die Ungewissheit über die Materialechtheit des Doseninhalts und seine Unsichtbarkeit ein grundlegendes Konzept der Arbeit, dessen Geheimnis man nicht zu lüften wagt – was ohnehin das Kunstwerk zerstören würde. Manzoni spielt mit dem kapitalistischen Wertesystem des Marktes – dem «Geheimnis der Ware» (Karl Marx) – das auch in diesem Fall tatsächlich wertsteigernd funktionierte, brachte doch eine Dose *Merda d'artista* 2008 in einer Auktion umgerechnet 132.000 Euro ein.

Das Unsichtbare und Immaterielle ist ein wesentlicher und konstanter Faktor in Manzonis Kunst. 1959/60 fing er in einer Werkgruppe seinen Atem in Ballons ein (*Corpi d'aria* und *Fiato d'artista*), wobei sowohl der Akt des Aufblasens als kreative Tat, als auch der entstandene Korpus als Kunst verstanden wurden oder auch der schöpferische Atem des Künstlers selbst. 1960 verspeiste Manzoni von ihm per Daumenabdruck signierte Eier (*Consumazione dell'arte*); zeichnete ‹unendliche› Linien (*Linee*, 1959), die in Gänze anzusehen praktisch unmöglich ist und verbannte sie in zylindrische Schach-

Piero Manzoni Merda d'artista N° 38, *1961*
(Künstlerscheiße Nr. 038, © *Fondazione Piero Manzoni, Milano)*

teln; er signierte lebende Menschen (*Sculture viventi,* 1961), nackte Models, Freunde, Kollegen oder auch Prominente wie Umberto Eco, und machte sie so zum Kunstwerk. Zu Manzonis Werkgruppe der signierten Menschen gehören auch die *Magischen Sockel* (*Basi magiche,* 1961): Sobald eine Person den Sockel besteigt, verwandelt sie sich in ein Kunstwerk. Manzoni begleitete diese Aktionen mit dem Medium Film, die als eigenständige, immaterielle Werke über den dokumentarischen Charakter hinausgehen.[1]

Die künstlerischen Anfänge Piero Manzonis, 1933 in Soncino in der Lombardei geboren, gehen bis ins Jugendalter zurück. Schon früh bekannt mit Lucio Fontana, intellektuell beschäftigt mit Reisen, klassischer Musik, internationaler Literatur und (Existenz-)Philosophie schwankte er zunächst in seinem ‹Berufswunsch› zwischen Maler oder Schriftsteller, um dann, mit einem kurzen Umweg über die Jurisprudenz, 1955 in Rom ein Philosophiestudium zu beginnen. 1956 wechselte er nach Mailand und kam durch Lucio Fontana mit der Kunstbewegung des *spazialismo,*[2] der etwa durch Löcher oder Schnitte flächigen Bildern eine dritte Dimension zufügt oder ihre Grenzen durch weiße Monochromität auflöst, in Kontakt. Manzoni schloss sich der avantgardistischen Künstlergruppe *Arte Nucleare* (gegründet 1951) an, eine der wichtigsten Formierungen des Informel in Italien. Die Mitglieder vertraten sowohl einen künstlerischen als auch einen politischen Anspruch, den sie in bewusster Anspielung auf die Atomkraft zum Ausdruck brachten.[3] Wie auch in den Bildern anderer *Arte Nucleare*-Künstler findet man in Manzonis Frühwerk oftmals gegenständliche Tendenzen, die Figuren oder Landschaft erahnen lassen, sowie eine Farbpalette und Bildhintergründe, die an verwüstete Gegenden gemahnen. Unter Einfluss von Yves Klein und Alberto Burri, die 1957 in Mailand ausstellten, entstanden die ersten sogenannten *Achromes,* weiße Materialbilder aus Gips oder Porzellanerde. Diese Werkgruppe, später auch aus anderen weißen Materialien wie Watte, Fell, Styropor, bemalten Brötchen oder Steinen entwickelt, durchziehen Manzonis ganzes Œuvre bis zu seinem Tod und erweisen sich in ihrer malerischen Reduktion als Überwindung der Malerei zugunsten einer körperlichen Dimension.

Zur Ausstellung im Frankfurter Städel Museum erschien ein nicht nur in seiner Haptik, Proportion und Materialität sehr ansprechender, sondern auch ein inhaltlich sehr umfassender, tiefgründiger, reich bebilderter Katalog mit einer sehr guten Abbildungsqualität. Neben einem Haupttext des Kurators Martin Engler, der über Manzonis Werk promovierte, und einem Interview mit dem Kenner der italienischen Kunst der 60er Jahre, Germano Celant,[4]

*Piero Manzoni unterschreibt auf einem Model während eines Kurzfilmdrehs
für Filmgiornale SEDI, Mailand, 1961
(© Fondazione Piero Manzoni, Milano)*

sind fundierte Texte weiterer Autorinnen, so auch über Manzonis Filme oder seinen Einfluss auf die aktuelle Kunst, zu finden. Zeitleisten und eine klar gegliederte Biografie geben schnell einen guten Überblick über Leben und Werk des Künstlers.

Elisabeth Wynhoff

«Piero Manzoni. Als Körper Kunst wurden», Städel Museum Frankfurt, 26. Juni bis 22. September 2013. Das Katalogbuch im Kerber Verlag, Bielefeld, kostet 34,90 Euro.

Ausstellungsfilm «Piero Manzoni. Als Körper Kunst wurden»:
http://www.youtube.com/watch?v=815N Tyg9TFs

Anmerkungen

[1] Diese Kurzfilme, produziert u.a. von Filmgiornale SEDI, wurden in den Wochenschauen oder im Fernsehen gezeigt.

[2] Lucio Fontana begründet 1947 das «Movimento spaziale» und verfasst das «Primo Manifesto dello Spazialismo», in dem er eine neue raumbezogene Kunst fordert.

[3] Auch für die Aufklärung über die Gefahren der unsachgemäßen Anwendung der Kernkraft setzte sich die Gruppe ein und behandelte entsprechende Themen auch in ihren Manifesten von 1952 und 1959.

[4] Der Kunstkritiker und Kurator Germano Celant schuf 1967 den Begriff *Arte Povera* für eine Kunstbewegung um Giovanni Anselmo, Michelangelo Pistoletto, Luciano Fabro, Jannis Kounellis, Giulio Paolini u.v.a., die alltägliche Materialien verwendeten.

«Wenn Sie von hier etwas brauchen, bitte schreiben Sie mir»
Ein Brief Karl-Ludwig Seligs an Werner Krauss

```
Cornell University
College of Arts and Sciences
Ithaca, New York 14850
Department of Romance Studies

Prof. Dr. K.-L. Selig
                                                        8/viii/68
```

Sehr verehrter und lieber Herr Krauss,

wie immer habe ich mich sehr gefreut von Ihnen zu hören. Aber es tut mir so sehr leid daß Sie nicht nach Mexiko reisen können. Ich hatte mich schon so sehr gefreut Sie dort zu begrüßen und zu sehen. Und es tut mir noch immer leid daß ich Sie nicht während meiner letzten Deutschlandreisen besuchen konnte.

Ich hoffe - de todo corazón - daß es Ihnen gesundheitlich bald wieder besser geht.

Sie wissen daß es mir bei Ihnen sehr gut gefällt und daß ich mich bei Ihnen sehr wohlfühlte. So hoffe ich Sie bald besuchen zu können.

Wenn Sie von hier etwas brauchen, bitte schreiben Sie mir. Für Herrn Dr. Noack habe ich einige Pérez de Ayala-Sachen bestellt.

Diesen Sommer hatte ich ein Seminar: >Methods of Literary Studies< und hatte Ihre *Grundprobleme* lange mit den Studenten besprochen.

Nochmals meinen herzlichsten Dank, alles Gute, und auf baldiges Wiedersehen!

      Mit freundlichem Gruß,

       stets Ihr,

          Karl-Ludwig Selig

Am besten ist es an meine Privatanschrift zu schreiben:
12 Fairview Square
Ithaca, N.Y. 14850

Im Nachlass Werner Krauss (NWK) der Berlin-Brandenburgischen Akademie der Wissenschaften sind fünf Briefe und eine Postkarte von Karl-Ludwig Selig überliefert, der am 1. Dezember 2012 in New York starb. Die Briefe stammen alle aus dem Jahr 1966, nur der letzte, hier abgedruckte, ist von 1968. Karl-Ludwig Selig nahm an dem von Werner Krauss organisierten Cervantes-Kongress teil, der vom 29. September bis 1. Oktober 1966 in Ostberlin stattfand.[1] Er war der einzige, der aus dem Land angereist war, das die westliche Allianz im Kalten Krieg anführte. Schon um diese außergewöhnliche Verbundenheit zu dokumentieren, die Seligs lebenslang praktizierten, tätigen Freundschaften über Grenzen aller Art hinweg ins Licht rückt, wäre es angemessen gewesen, einen dieser Briefe in der Krauss-Korrespondenz[2] zu berücksichtigen. Bei ihrer Vorbereitung war Karl-Ludwig Selig zudem gefragt worden, ob er noch im Besitz von Krauss-Briefen sei. Seine Suche danach blieb ohne Erfolg. Titus Heydenreich sei ausdrücklich gedankt für die Gelegenheit, dieses Versäumnis nicht etwa ungeschehen, sondern überhaupt erst fühlbar zu machen.

«De todo corazón» – das ist ein Ausdruck, den er auch mir gegenüber oft verwendet hat. Der Wunsch, es möge einem gut gehen, kommt bei ihm tatsächlich von ganzem Herzen. Dass Krauss im August 1968 nicht zum III. Internationalen Hispanistenkongress nach Mexiko reisen konnte, wie er es im Februar noch vorgehabt hatte[3] – der Grund könnte die Niederschlagung des Prager Frühlings durch Truppen des Warschauer Paktes sein –, die zwei Jahre zurückliegende Begegnung also nicht erneuert werden konnte, hat Selig gewiss aufrichtig bedauert. Die Aufforderung, man solle ihm schreiben, ob man etwas brauchen könne, war nicht weniger aufrichtig gemeint. «Von hier» – das waren die aus dem Krieg (ein Zeitraum, der für die DDR bis zu ihrem Untergang 1990 andauerte) als westliche Führungsmacht hervorgegangenen und über ein ungeheures ökonomisches Potenzial verfügenden Vereinigten Staaten, aus denen er Benedetto Croce und andere mit Medikamenten versorgte. Mit den *Grundproblemen* sind die im März 1968 in «rowohlts deutscher enzyklopädie» erschienenen *Grundprobleme der Literaturwissenschaft* gemeint. Der Herausgeber der Reihe, Ernesto Grassi, hatte Krauss gebeten, in einer Einleitung zu erklären, «wie sehr und woran Ihnen liegt, dass die Kollegen aus der Bundesrepublik von Ihnen angesprochen werden wollen». Krauss hielt es «nicht für glücklich, in einer Einleitung sozusagen als der ‹Mann des Ostens› [...] in Erscheinung zu treten. Mein Standpunkt ist weder ein östlicher noch ein westlicher, sondern ein solcher, der ja auch vor der Teilung Deutschlands durch meine damals entstandenen Schriften bekundet wird.»[4] Die Gräben, die zwischen dem westlichen und östlichen Deutschland entstanden und die für Grassi offenbar eine unumstößliche Tatsache darstellten, der auch im Raum des Literarischen Rechnung zu tragen war, hatten für Karl-Ludwig Selig keinerlei Bedeutung. Er war ein Brückenbauer,[5] der sich von den Beharrungsmächten der objektiven Gegebenheiten kaum beeindrucken ließ.

Mit Krauss verband ihn das Interesse an Spaniens Goldenem Zeitalter, besonders an Cervantes. Doch hat er sich, seit einem Studienaufenthalt in Rom 1949-50, stets auch als Italianist betätigt. Die Neuausgabe seiner Dissertation von 1955 widmete er Mario Praz, seinem Lehrer in Rom, der ihn auf den Weg der Emblem-Forschung gebracht hat – zu einer Zeit, als «the importance of emblem books and emblem literature had not yet been fully recognized and appreciated».[6] In der Festschrift zu Praz' 70. Geburtstag ist Selig mit einem kurzen Text über Henry Green vertreten, dem er in der Frühgeschichte der Emblem-Forschung «an interesting, if not an important position»[7] zuweist. Es handelt sich um das Ergebnis einer Bücherrecherche, wie sie viele seiner Veröffentlichungen darstellen. Stück für Stück trug er die Elemente zusammen – die Mühe, die das in Zeiten ohne Internet machte, lässt sich heute kaum noch ermessen –, um einer weiterführenden Fragestellung die bibliografische Basis zu sichern.

Mario Praz muss ein faszinierender Lehrer gewesen sein, dessen Scharfsinn sich an den nach Scharfsinn verlangenden Verrätselungen der *concetti* und Epigramme, denen sein Interesse galt, geübt hat. Noch in den unauffälligsten Gestaltungen eines Möbelstücks verstand er die Konturen des Geschmacks einer Epoche zu entziffern. In dem erstmals 1934 auf italienisch erschienenen Grundlagenwerk *Studies in Seventeenth-Century Imagery* (2. Auflage 1964) bestimmt er das Interesse an der sich aus Bild und Text zusammensetzenden Kunstform des Emblems und seiner Verwandten, der Sinnsprüche und Epigramme, als «witnesses to the taste of a period, not the ephemeral logical scaffolding of the treatises to which they gave rise».[8] Die Zeugen sollen unabhängig von der Ordnung, in die sie ohne ihr Verschulden durch die Aufnahme in voluminöse gelehrte Traktate geraten sind, Auskunft geben. Bei Praz muss Karl-Ludwig Selig gelernt haben, Dinge im Zusammenhang zu sehen und sie durch Integration kulturhistorischer, literatur- und kunstwissenschaftlicher Fragestellungen aus dem Gefängnis ihrer Dinghaftigkeit zu befreien, in die stets nur als «Annäherungswerte» zu gebrauchende Epochenbegriffe sie einschließen. «Romantisch» – ein Annäherungswert» lautet der Titel des ersten Kapitels von Praz' kapitaler Studie *La carne, la morte e il diavolo nella letteratura romantica* (1930).[9] Solche Bezeichnungen sind nützlich, insofern sie «auf bestimmte Veränderungen in der Gefühlswelt» verweisen,[10] als Index bestimmter «Tendenzen, Motive, Moden»,[11] ihr Sinn verkehrt sich in Unsinn, wenn man sie abpflückt und Autoren unterschiedlichster Epochen an die Brust heftet.

In den 1950er Jahren schreibt Selig regelmäßig in der *Italica*, die ihr Heft 3 vom September 1955 Leo Spitzer widmete, dem im selben Jahr der Premio Internazionale Feltrinelli verliehen worden war. Selig war von 1954 bis 1958 Spitzers Assistent. Interessanter noch als der bibliographische Überblick über die Zeitschriften-Neugründungen seit 1945 in Italien[12] ist die Rezension eines Romans von Ignazio Silone, *Una manciata di more* (1952),[13] in dem ihn die Darstellung der Catarina, «the poorest and most ignorant of all the peasants», besonders zu interessieren scheint. Sie gibt einem entlaufenen Kriegsgefangenen ein Stück Brot; man wirft ihr vor, den Feind begünstigt zu haben; doch ein paar Tage später - «le cose sono cambiate» - gewinnt die Tat den gegenteiligen Sinn, und derselbe *carabiniere* teilt ihr mit, sie erhalte eine Auszeichnung. Für Catarina indes hat sich nichts geändert. Und Selig nimmt sich Zeit, um die entscheidenden Sätze dieser Bäuerin zu zitieren, in denen die elementare Menschlichkeit, die ihm selbst zu eigen war, sich ausspricht: «L'uomo aveva fame. Anche lui era un figlio di madre. Doveva morire di fame? [...] Fu un semplice pezzo di pane. L'uomo aveva fame.»

Schließlich hat sich Karl-Ludwig Selig mehrfach mit Boccaccios *Decamerone* beschäftigt, diesem «pivotal and keystone text», der die Aufmerksamkeit auf sich selber lenkt, auf seine «processes and logistics», und der «new spheres and spaces of the literary and artistic imagination» erschließt.[14] Den «einfachen Formen», wie André Jolles sie genannt hat, galt auch Seligs Interesse. In Boccaccios Werk findet er sie – «*exemplum*, apologue, fabliau and such highly reductive forms as the proverb»[15] – eingeschmolzen am Berührungspunkt mündlichen und schriftlichen Erzählens. So wird dieser Text zu einem von enzyklopädischer Weite und «Welthaltigkeit»,[16] zu einem «tradition setting text», dem nichts Menschliches – «from the aristocratic and noble to the plebeian»[17] – fremd ist. Wie der *Don Quijote*, dem Selig zahllose Studien gewidmet hat, gehört der *Decamerone* «to the tradition of satire, the comic spirit and the mode of irony».[18] Dieser Literatur gehört sein Herz. Sie schafft den Raum, in dem die zerstörerische Macht, mit der das Nazi-Regime Karl-Ludwig Seligs Dasein und das seiner Familie heimgesucht hat, gebrochen werden kann. Wenn er von Boccaccios Geschichten sagen kann, sie repräsentierten «the quest for an order [...] against an upheaval, a catastrophe», und dass die Aufmerksamkeit «to form, to code, to decorum»[19] aus diesem Gegensatz zu erklären ist, so sagt er damit zugleich, was Literatur überhaupt für ihn bedeutet: Sie erlaubt, kraft der ihr innewohnenden Mechanismen der Distanzierung, das immer erneute Durchspielen des katastrophischen Einbruchs, der in ihr zugleich anwesend und gebannt ist.

Peter Jehle

Anmerkungen

[1] Vgl. das Cervantes-Sonderheft der *Beiträge zur Romanischen Philologie* von 1967. Selig sprach, unter dem Titel «Nuevas consideraciones sobre la temática y estructura de las *Novelas Ejemplares*», über die Novelle *La española inglesa*.

[2] Werner Krauss, *Briefe 1922-1976*, hrsg. v. Peter Jehle u. Mitarbeit v. Elisabeth Fillmann u. Peter-Volker Springborn, Frankfurt/Main: Klostermann 2002.

[3] Vgl. den Brief an Ruth-Eva Schultz-Seitz v. 21.2.68, *Briefe* Nr. 547.

[4] Brief an Ernesto Grassi v. 29.5.66, *Briefe* Nr. 518.

[5] Vgl. meinen Nachruf auf Karl-Ludwig Selig in *Romanische Forschungen*, H. 2, 2013, S. 239-42.

[6] Vgl. das Vorwort zu *Studies on Alciato in Spain*, New York/London: Garland 1990.

[7] «Curiosa bibliographica greeniana», in: *Friendship's Garland*, hrsg. v. Vittorio Gabrieli, 2 Bde., Roma: Edizioni di Storia e Letteratura 1966, Bd. 2, S. 203-205, hier: S. 203.

[8] Mario Praz, *Studies in Seventeenth-Century Imagery*, Roma ²1964, S. 7f.

[9] Deutsch unter dem Titel *Liebe, Tod und Teufel. Die schwarze Romantik*, München 1963.

[10] *Liebe, Tod und Teufel*, S. 24.

[11] Ebd., S. 22.

[12] «The Cultural Periodicals in Italy, 1945-50», *Italica* 33 (1956), S. 209-21.

[13] *Italica* 32 (1955), H. 1, S. 62f.

[14] «Decameron I/7: The Literary Space of a Text», in: *Florilegium Columbianum. Essays in Honor of Paul Oskar Kristeller*, hrsg. v. K.-L. Selig u. R. Somerville, New York: Italica Press 1987, S. 107-112, hier: S. 107.

[15] Ebd.

[16] Er schreibt «worldliness» (ebd., 108).

[17] «Boccaccio's *Decamerone* and the Subversion of Literary Reality (*Dec.* II/5)», in: *Italien und die Romania in Humanismus und Renaissance*, Festschrift f. Erich Loos zum 70. Geburtstag, hrsg. v. K. W. Hempfer u. E. Straub, Wiesbaden: Steiner 1983, S. 265-269, hier: S. 265.

[18] «Boccaccio's *Decameron* and ‚Natural History' and Compendia: Some Observations», in: *Text und Tradition. Gedenkschrift Eberhard Leube*, hrsg. v. K. Ley, L. Schrader u. W. Wehle, Frankfurt/Main u.a.: Peter Lang 1996, S. 409-416, hier: S. 410.

[19] Wie Anm. 17, S. 265.

Rezensionen

Claretta Cerio: *Mein Capri*. Hamburg: Mare 2010, ²2011.

«Mein»: Das programmatische Possessivum verspricht Sachkenntnis und Zuneigung in einem. Es blieb in der italienischen Version erhalten, die Claretta Cerio in dem auch bibliophil so beachtlichen capreser Verlag La Conchiglia 2012 herausbrachte: *La mia Capri*.

Claretta Cerio, die zweisprachige Verfasserin zahlreicher Romane, Erzählungen, Erinnerungswerke und *Zibaldone*-Lesern seit langem vertraut (vgl. Hefte 34 und 46), kam auf Capri zur Welt, wuchs dort auf und trat nach Kriegsende in eine neue Lebensphase durch die Heirat mit dem Ingenieur, Architekten, Naturwissenschaftler und Schriftsteller Edwin Cerio (1875-1965), dessen vielseitiges Lebenswerk auf der Insel bis heute nachwirkt. Der Vater freilich war Deutscher, der Großvater, August Weber, auch. Diese und andere Faktoren lassen unsere Autorin von der Reihe jener «Prototouristen» zehren – spät, aber nicht zu spät, wie das Buch veranschaulicht –, die «der Insel zum Dank für alles, was sie ihnen an Erlebnissen und Emotionen bot, auch etwas zurück [gaben]: Aufmerksamkeit, Einfühlung und Bildung» (S. 174).

Das Buch: eine einfühlsame Mischung (die Gliederung in dreizehn Abschnitte lässt keine Strenge aufkommen) aus kompetenten Darlegungen über Geographisches, Historisches, Literarisches, über Einheimische, Zugewanderte aus vielen Ländern, aber auch aus mikrohistorischen Erinnerungen an Fakten und Personen, die ohne Clarettas Sympathie in Vergessenheit geraten wären. So werden wir u.a. an Rilke und Gudrun von Uexküll, die Munthe-Übersetzerin, erinnert, an Munthe selbst (nicht ohne Amüsement über die Allüren des einstigen Bestsellerisms), aber auch an den damals noch nicht berühmten, auf Capri schlagartig zu Weltruhm gelangten Pablo Neruda (vgl. den Beitrag von Teresa Cirillo in diesem Heft), dessen Monate auf Capri Claretta intensiv miterlebte. Als Kind durfte sie ein Touristenpaar auf einer Küstenfahrt im Ruderboot begleiten. Erstmals nahm sie dabei beklommen die wilde Würde der gigantischen, schroff aufragenden Felsenwände wahr. Sie werden Jahrzehnte später dem Schwarz-Weiß-Fotoband von Umberto D'Aniello (München, Prestel 2007) – mit Texten von Claretta Cerio – ihr Gepräge geben.

Einem Beschreibungsverfahren, das oft die Reisereportagen der Presse auflockert, begegnen wir auch bei Claretta Cerio: nicht selber beschreiben, sondern beschreiben lassen. So durch Ciro, den betagten, entfernt verwandten Capresen, der die Herden der nur wenige Stunden herumgeschleusten

Touristen bemitleidet (S. 175 ff.). Oder durch Edwin, den geliebten Ehemann, der sich auf einem Ausflug nach Anacapri über die Seltenheit und Anmut der insularen Flora ergeht, während ihn – nebenher – die über die Insel verstreuten Madonnenstatuen (Imitate nach Lourdes) weniger entzücken.

Besonderen Leserdank verdient «En-En», einer der längsten, besonders anrührenden Abschnitte (S. 97 ff.). Einem jungen, ans Felsenufer gespülten, vielleicht vom Krieg traumatisierten, sprachunfähigen Menschen verbleibt als Spitzname «N.N.», die Behördenbezeichnung der Unbenennbaren. «N.N.» lebt einsam und wortlos in einer verfallenen Hütte, bricht aber unter dem Eindruck des Fremdenlegionärsfilms *Beau geste* (1939), einem Dauerbrenner mit Gary Cooper, auf, um sich in Oran anmustern zu lassen, stirbt aber schon auf dem Weg. Man würde ihn vergessen, wenn ich nicht über ihn schriebe, sagt Claretta. Und zitiert die Vermutung einer Freundin: «Ich denke, dass er mit einer Botschaft gekommen ist, und es liegt an uns, zu verstehen, was er uns zu sagen hat.» Und Claretta nach En-Ens Tod: «Ich [...] denke, dass sie [...] recht hatte und der namenlose En-En tatsächlich ein Bote war. Nur haben wir leider nicht verstanden, was er uns zu sagen hatte» (S. 111).

Mein Capri. Die Disponibilität zur Einbeziehung des tragisch Ungesagten. Es sind derlei Momente, die im Band wiederholt zu weiteren, über Capri hinausführenden Reflektionen einladen.

Titus Heydenreich

Alessandro Manzoni: *Geschichte der Schandsäule*. Mit einem Vorwort von Umberto Eco u. einem Nachwort von Michael Stolleis. Deutsch von Burkhart Kroeber. Mainz: Dieterich 2010.

Was Burkhart Kroeber übersetzt, Umberto Eco mit einem Vorwort und Michael Stolleis mit dem Nachwort versehen haben, ist nicht nur das Monument eines unerhörten Mailänder Justizskandals. Das handlich kleine Buch aus der Reihe der *excerpta classica* sollte auch unübersehbar sein, wenn es um das Verhältnis von Verschwörungstheorie und Schuld geht, die auf jene fällt, die eigentlich das Recht wahren sollten. Die *Geschichte der Schandsäule* (von 1842) ist zwar im Zusammenhang mit dem historischen Roman *Die Brautleute* (um Kroebers Übersetzung von *I promessi sposi* zu gebrauchen) entstanden, aber im Stil einer rechtshistorischen Untersuchung (Eco) verfasst, deren Dokumente im Anhang aufgeführt werden. Es ist ein Verdienst der Ausgabe, diesen illustren Fall aus der Unrechtsgeschichte der Menschheit einem größeren Kreis von historisch und anthropologisch interessierten Lesern zugänglich gemacht zu haben.

Eco spricht in seinem Vorwort von einem ‹Verschwörungssyndrom›, das medizinisch auf eine «Erkrankung der gesellschaftlichen Zeicheninterpretation» zurückgeht, eine Folge von Angst und Hysterie in schwerer Zeit. Stolleis hebt hervor, wie es aus der Sicht des Juristen nicht ausreicht, der menschlichen Vernunft zu trauen, die seit der Aufklärung die Folter als Instrument der Wahrheitsfindung aus dem Gesetzbuch verbannt hat. Dafür hatten Manzonis Großvater Cesare Beccaria und dessen bester Freund Pietro Verri gestritten. Der Enkel trat ihnen entgegen, indem er den Kriminalfall genauer untersuchte und die Geschichte der Folter «durch Differenzierung komplizierte». Im Falle der angeblichen Pestsalbenschmierer wollten die Richter nicht wissen, was sie taten, weil sie von Leidenschaft verblendet ihr Ziel verfolgten, Schuldige zu erfinden. Angesichts dieser Fatalität, bemerkte der Historiker der Mailänder Geschichte lakonisch, sei es doch tröstlich zu wissen, «dass man bei solchen Taten zwar gezwungenermaßen das Opfer sein kann, aber nicht gezwungenermaßen der Täter».

Manzoni nahm den Prozess von 1630 im Revisionsverfahren etwa zur selben Zeit wieder auf, als in Preußen Friedrich Carl von Savigny die historische Rechtsschule gründete. Beide stimmten, wenn auch mit unterschiedlicher Zielstellung, in der Bindung des Rechts an einen absoluten Ursprung überein. Bei Savigny war es die Geschichte von den Pandekten an und bei Manzoni «das Erlebnis des Glaubens an die Hoffnung auf die göttliche Gnade» (Stolleis). Darin widersprach er der Selbstgerechtigkeit derer, die glaubten, die Menschen (für alle Zeit) aufgeklärt zu haben. Sie konnten ja noch nicht einmal verhindern, dass sich auch bei seriösen Historikern wie Giuseppe Ripamonti, auf den sich Manzoni in seinem Roman bezog, die unaufgeklärte Mehrheitsmeinung durchsetzte. Ein anderer Historiker, Batista Nani, ließ sich von der Sprache der Schandsäule beeindrucken, die zwei Unschuldige zu Feinden des Volkes erklärte, und Pietro Giannone folgte dieser Ansicht, wobei er bei seinem Vorgänger seitenlang abschrieb. Am meisten erboste sich Manzoni über den großen Dichterkollegen Giuseppe Parini, einen «Meister der Nobilitierung der Satire» (Schulz-Buschhaus), und dessen unvollendetes Gedicht über die Schandsäule, das die Schlussverse von deren Inschrift übersetzte «O buoni cittadin, lungi, che il suole / Miserabile infame non v'infetti».

Bemerkenswert, mit welcher Schärfe der Kritiker der Aufklärung gegen die Irrtümer der öffentlichen Meinung ankämpfte. Dass sich ihr auch die Dichter fügen wollten, gab ihm Anlass zu sarkastischen Erklärungen. So käme dem aufkeimenden Individualismus das Gute zu, sein *Ich* für zu reich zu halten, um beim *Wir* betteln zu gehen, wenn er sich auf solche Fälle beschränken wollte. Man darf von der Gegenwart nicht absehen, wenn man die Geschichte im Auge hat.

Gegenwart: Dazu war der Fall von 1630 beispielhaft. Auf den Zusammenhang weist auch die abschließende Bemerkung des Juristen Stolleis hin, wonach Massenpsychose und ideologisch politischer Druck als Gefahr fortdauern. Man muss nicht uralt werden, um erfahren zu haben, wie sich destruktives Potential – Ecos Erkrankung der sozialen Zeicheninterpretation – verselbständigen kann. Die beseitigte Schandsäule in Mailand – deren Tafel mit der inkriminierenden Inschrift sich jetzt im Innenhof des Castello Sforzesco befindet – bleibt ein Symbol dafür, dass die Menschheit zu allem fähig ist.

Horst Heintze

Maike Albath: *Rom, Träume. Moravia, Pasolini, Gadda und die Zeit der Dolce Vita*. Berlin: Berenberg 2013.

Vor drei Jahren beschwor die italophile Kulturjournalistin Maike Albath im engagierten Berenberg Verlag jenen «Geist von Turin», der Autoren und Intellektuelle wie Cesare Pavese, Leone Ginzburg oder Cesare Cases im Einaudi-Verlag zusammenführte. In ihrem neuen Buch («Rom, Träume») schildert sie einen frohgemuten Unternehmergeist der Nachkriegsjahre, der Schriftsteller und Lebenskünstler in die italienische Hauptstadt ziehen ließ, wo man die berauschenden frühen Sternstunden des italienischen Kinos miterleben konnte. Beide Bücher sind nach dem gleichen ‹Rezept› gebacken: Aus Gesprächen mit Zeitzeugen und durch Auswertung diverser Zeitdokumente, statistischer Daten und (wenig) Fachliteratur werden anekdotische Einzelporträts montiert, die den dem Buch vorangestellten ‹Zeitgeist› illustrieren sollen. Nun birgt es generell ein gewisses Risiko, lässt man (oft weniger bekannte) Zeitzeugen über ihre bereits verstorbenen, sehr bekannten Zeitgenossen sprechen. Wenn diese Erinnerungen aber von der Autorin nahezu kommentarlos zusammengefasst und wiedergegeben werden, verläuft sich die Erzählung rasch im Spekulativen.

Moravia, Pasolini und das glanzvolle Kino der «Dolce Vita»-Ära sind die großen Protagonisten dieses Buches. In kleineren Exkursen spielen auch Morante, Maraini, Gadda mit. Deren Literatur gerät neben teils amüsanten und interessanten, oftmals aber auch völlig nebensächlichen Anekdoten stark in den Hintergrund. Dabei kann man den dürftigen Gehalt dieser Erzählungen vermutlich kaum den Gesprächspartnern, wie dem Dichter Andrea Zanzotto oder dem Pasolini-Biografen Nico Naldini, vorwerfen.

Rom, Träume ist kein Sachbuch. Es ist ein sehr journalistisches Buch, das sich qua Intention an ein allgemeines, interessiertes Lesepublikum richtet. Auch diesem Publikum möchte man aber saubere Quellenangaben wünschen. Bei Albath kann man damit bedauerlicherweise nicht rechnen. Zahlreiche Zitate schweben urheberlos im Raum, dies sind blumige Schilderungen aus Kindheit und Jugend der Künstler ebenso wie Behauptungen und Vermutungen über das Liebesleben der Protagonisten, wie die Ehen Alberto Moravias, die unglücklichen Lieben der Elsa Morante oder die Vorlieben Pier Paolo Pasolinis. Überall dort, wo bei der Auswertung der – schließlich nicht per se verwerflichen – Gespräche mit den Weggefährten die reflektierende, einordnende Analyse der Autorin fehlt, bleibt nicht mehr als Klatsch und Tratsch übrig. Stilistisch zeigt sich in Albaths Rom-Buch immer wieder, dass die journalistischen Schreibgebote, etwa der Reportagestil, nicht für jedes Thema geeignet sind, etwa wenn die Autorin ihre Besuche bei Zanzòtto vor knapp 20 Jahren schildert: «Ich bin damals oft bei ihm zu Gast, und wir kommen häufig auf Pasolini zu sprechen. So auch an einem heißen Sommertag im Juli 1995». Die Autorin berichtet von jenem Sommertag Zanzottos Empfehlung «etwas von Parise» zu lesen und sein Bekenntnis, «Pier Paolo» sei von einer «ungeheuren Liebenswürdigkeit» gewesen.

Mit Gewinn lesen sich hingegen die Berichte von Albaths Stadt-Recherchen: sie besuchte einige Schauplätze ihrer Literatur- und Filmbeispiele, schildert den drastischen (baulichen) Wandel einzelner Straßenzüge und ganzer Stadtteile, der oftmals einen radikalen Gesichtsverlust bedeutet. Diesen Betrachtungen hätte die Autorin auch mehr Raum geben können.

Isabella Pohl

Martin Mittelmeier: *Adorno in Neapel.*
Wie sich eine Sehnsuchtslandschaft in Philosophie verwandelt. München: Siedler 2013.

Im April 1924 reiste Walter Benjamin nach Capri, um dort (geplant war ein Zeitraum von mehreren Monaten) an seinem Trauerspiel-Buch zu arbeiten, das er im Jahr darauf als Habilitationsschrift an der Universität Frankfurt einreichen wollte (die Habilitation scheiterte bekanntlich). Die Zeit auf Capri war für ihn ereignisreich, wenngleich nur durch wenige Briefe und Texte konkret dokumentiert: dort traf er Asja Lacis, mit der ihn schnell eine starke erotische Bindung verknüpfte und mit der zusammen er ein ‹Denkbild› über Neapel verfasste, sowie Ernst Bloch und Alfred Sohn-Rethel, der sich dort von seiner großbürgerlichen Familie distanzieren wollte, und mit denen er diskutierte.

Ein Jahr später, im September 1925, wiederholte sich die Konstellation partiell: nun reiste, rechtzeitig zu seinem 22. Geburtstag, der junge Musikwissenschaftler Theodor Adorno an den Golf von Neapel, begleitet vom älteren (und unglücklich in ihn verliebten) Siegfried Kracauer; auch Benjamin ist wieder und Sohn-Rethel noch da.

Das ist die Ausgangssituation, die Martin Mittelmeier in seinem Rekonstruktionsversuch unternimmt, wobei er davon ausgeht, dass die drei Wochen auf Capri, in Neapel und in Positano zentrale Grundlagen für Adornos Philosophie der ganzen folgenden Jahrzehnte gelegt hat.

Am Golf von Neapel trifft Adorno eine ganze Reihe von Nonkonformisten; zurecht spricht Mittelmeier einmal davon, man könne die Szene dort (eine «dämonisch gewordene Moderne») als eine Fortsetzung des Aufbruchs in Ascona und am Monte Verità zehn Jahre zuvor verstehen. Lenin hatte auf Capri Urlaub gemacht, Brecht, Gorki hatte dort eine marxistische Parteischule gegründet; Krupps und andere Vertreter der deutschen Industrie und Hochfinanz dort aus unterschiedlichsten Motiven kürzeren oder längeren Aufenthalt genommen.

Nun kamen sozusagen die jungen Philosophen (Adorno war, wie gesagt 22, Sohn-Rethel 25, Walter Benjamin war gerade 33 geworden und Kracauer, der älteste, war auch erst 36) und profitierten vom Klima des Spätsommers. Die Kategorie des ‹Porösen› ist einer der Anker, an denen sich die Diskussionen festmachen (und die man, sozusagen in leibhaftiger Materialität, auch in der Umgebung erfahren kann, nicht nur im Tuffstein des Vesuv, auch beispielsweise in den Skeletten von Positano). Ein Begriff, der vor allem für Benjamin wichtig ist, ist das ‹Denkbild›, das sich vor allem auf eine ‹Konstellation› von Begrifflichkeit und

Beobachtungen stützt. Kracauer, der Ausbildung nach eigentlich Architekt, steuert Beobachtungen zum Bau bei, die zusammen mit solchen zum Interieur bei Benjamin wie bei Adorno eine Rolle spielen. Kurz nach dem Neapelaufenthalt wird Adorno mit seinem Wozzeck-Aufsatz, den er im November an Alban Berg schickt, seine erste große musikphilosophische Arbeit verfassen und nicht sehr viel später das Kierkegaard-Buch beginnen, das er – nachdem er mit Gretel 1928 noch einmal nach Capri zurückgekehrt ist – als *seine* Habilitationsschrift in Frankfurt einreichen wird. Doch zuvor besuchen sie die Zoologische Station in Neapel mit den Fresken von Marées (die Visitenkarten sind im dortigen Archiv erhalten, Mittelmeier bildet sie ab), und den Turm – das Gesamtkunstwerk – des reichen Baseler Industrie-Erben Gilbert Clavel (die «Torre Clavel»); Kracauer wird über ihn noch 1925 den Artikel «Felsenwahn in Positano» veröffentlichen.

Mittelmeiers Studie vermittelt auf streckenweise amüsante, gelegentlich auch zähere Weise die Kulturgeschichte der Region und ihrer deutschen Besucher in den 20er Jahren ebenso, wie eine unkonventionelle Lektüre der Philosophie Adornos, mit Ausblicken auf Benjamin und andere. Inwieweit «der Blick von Neapel» wirklich «ins Zentrum von Adornos Philosophie» führt – die letzte große Anmerkung des Bandes (285 f.) zählt auf, was davon alles nicht mitbetroffen wurde – müssen Andere entscheiden, aber zumindest illustriert er erneut, was Raffaele La Capria «Neapel als geistige Landschaft» genannt hat.

Thomas Bremer

Zu den Autoren

Felice Balletta, geb. 1969 in Fürth. Studium der Italianistik, Germanistik und Hispanistik in Erlangen, Neapel und Barcelona, danach Lehrtätigkeit an der Universität Erlangen. Von 2000 bis 2005 DAAD-Lektor an der Universität Nancy, seit 2005 Fachbereichsleiter für Deutsch als Fremdsprache und romanische Sprachen an der VHS Fürth. Im Bereich der Italianistik überwiegend Publikationen zur Literatur des 19. und 20. Jahrhunderts, zudem Arbeit einer Dissertation zum italienischen Kriminalroman.

Thomas Bremer, geb. 1954. Studium der Romanistik, Germanistik und Kunstgeschichte in Freiburg, Gießen und Bologna; seit 1994 Professor an der Universität Halle. Im Bereich der Italianistik zahlreiche Veröffentlichungen zur Literatur des 19. und 20. Jahrhunderts.

Teresa Cirillo Sirri, bis zu ihrer Emeritierung Professorin für spanische und lateinamerikanische Literaturwissenschaft an der Università degli Studi di Napoli, «L'Orientale». Zahlreiche Veröffentlichungen über Themen und Autoren des spanischen und lateinamerikanischen 16. bis 20. Jhds., v.a auch über deren kulturelle Beziehungen zu Italien und Neapel. Zuletzt Konzeption der Ausstellung *Capri, réina de roca...* ‹*Los versos del Capitan*› *di Pablo Neruda per Matilde Urrutia* (Anacapri 2012); zuvor Neruda-Übersetzungen und die Monografie *Pablo Neruda a Capri: sogno di un'isola* (2002).

Alessandra Di Maio, Promotion in italienischer Literaturwissenschaft an der Università Bari und in Komparatistik an der University of Massachusetts; derzeit Dozentin an der Universität Palermo und Gastprofessorin an der University of California Los Angeles. Ihre Forschungsgebiete umfassen v.a. Migrationsprozesse und Black Studies mit besonderem Focus auf nationalen und transnationalen Identitätsprozessen; Veröffentlichungen u.a.: *Tutuola at the University. The Italian Voice of a Yoruba Ancestor* (Roma: Bulzoni 2000), *Black Italia: Migrant Voices from Africa* (Columbia University 2005), und *Wor(l)ds in progress. A study of contemporary migrant writings* (Milano: Mimesis 2008) sowie zahlreiche Beiträge in Sammelbänden.

Aldo Ferrari unterrichtet armenische Sprache und Literatur, Geschichte des Kaukasus und Zentralasiens sowie Geschichte der russischen Kultur an der Università Cà Foscari in Venedig. Er ist verantwortlich für die Forschungsprogramme "Russia/Vicini Orientali" und «Caucaso/Asia Centrale» des Istituto per gli Studi di Politica Internazionale (ISPI) in Mailand; jüngste Veröffent-lichungen: *Breve storia del Caucaso* (2007); *Alla ricerca di un regno. Profezia, nobiltà e monarchia in Armenia tra Settecento e Ottocento* (2011); *Il grande paese. Studi sulla storia e la cultura russe* (2012).

Horst Heintze, Jahrgang 1923. Schüler von Victor Klemperer, 1954 bis 1963 Dozent in Halle, Habilitation 1975 an der Humboldt-Universität zu Dante, anschließend dort Professor für italienische Literaturwissenschaft von 1975 bis 1988. Zahlreiche Studien und Übersetzungen zu Dante, Petrarca; Lorenzo de' Medici, Poliziano und einigen modernen Autoren. Zuletzt von Luigi Pulcis *Morgante*, 4 Bde., Berlin 2008.

Titus Heydenreich, Studium der Romanistik und Germanistik; 1977-2005 Professor an der Universität Erlangen-Nürnberg. Im Bereich der Italianistik Veröffentlichungen u.a. über Themen und Autoren des 19. und 20. Jahrhunderts. Gründer und langjähriger Herausgeber von *Zibaldone* von 1985 bis 2013.

Peter Jehle, geb. 1954. Studium der Romanistik und Germanistik in Heidelberg und an der FU Berlin, Promotion 1994 zu *Werner Krauss und die Romanistik im NS-Staat* (Hamburg 1996); seither Gymnasiallehrer in Berlin. Seit 1987 Redakteur, seit 2005 Mitherausgeber der Zeitschrift *Das Argument*; Mitübersetzer und Mitherausgeber von Gramscis *Gefängnisheften* (1991-2002), zahlreiche Veröffentlichungen zur neueren Fachgeschichte der Romanistik, u.a. von Werner Krauss: *Briefe 1922-1976*, Frankfurt/M. 2002.

Christiane Liermann, Historikerin, seit 1995 wissenschaftliche Mitarbeiterin im Deutsch-Italienischen Zentrum Villa Vigoni, dort verantwortlich für die Programmarbeit. Seit ihrer Dissertation über politische Philosophie Beschäftigung mit der Geschichte Italiens im 19. und 20. Jahrhundert, insbesondere mit Vertretern des ‹katholischen Denkens› wie Vincenzo Gioberti, Cesare Balbo oder Luigi Sturzo, und mit den deutsch-italienischen Beziehungen in Geschichte und Gegenwart.

Oreste Pili, geb. 1953, Hochschullehrer und Politiker, derzeit Präsident der Acadèmia de su Sardu onlus und Koordinator des Portalitu de sa Lìngua Sarda de sa Provìntzia de Casteddu. Zuvor von 2006 bis 2011 Assessore alla Lingua Sarda der Comune di Capoterra und wichtige Rolle bei der Berufung des Wissenschaftlichen Beirats, der 2009 die *Arrègulas po ortografia, fonètica, morfologia e fueddàriu de sa Norma Campidanesa de sa Lìngua Sarda* entwickelte, die 2010 offiziell von der Provinz Cagliari angenommen wurden.

Isabella Pohl, geb. 1986, Studium der Romanistik an der Universität Wien.

Lebt in Wien, Tätigkeit als Kulturjournalistin und Literaturkritikerin (u.a. für *Der Standard* und *Literatur und Kritik*).

Katrin A. Schmeißner, geb. 1975.– Studium der Romanistik, Germanistik und Interkulturellen Kommunikation an der TU Chemnitz und der Università di Pisa, Stipendiatin der Scuola Normale Superiore in Pisa und von 2003 bis 2008 Assistentin am Lehrstuhl für Romanische Kulturwissenschaft an der TU Chemnitz. 2008 Promotion zum Thema *Die Goethe-Rezeption in Italien (1905-1945)*; seitdem dort Lehrbeauftragte. Mehrere Literaturübersetzungen und Veröffentlichungen (auch in *Zibaldone*) zum italienischen Film.

Fulvio Senardi, geb. 1953 in Triest. Laurea in italienischer Literatur, Doktorat in Geschichte; Unterricht an Schulen und Universitäten in Italien und im Ausland (Zürich, Trier, Zagreb, Pécs). Monografien und Herausgeberschaften u.a. *Gli specchi di Narciso – Aspetti della narrativa italiana di fine-millennio*, 2002; *Il giovane Stuparich – Trieste, Firenze, Praga*, 2007; *Il dialetto come lingua della poesia*, 2007; *Scrittori in trincea. La letteratura e la Grande Guerra*, 2008; *Riflessi garibaldini – Il mito di Garibaldi nell'Europa asburgica*, 2009; *Saba*, 2012.

Ulrich Steltner, geb. 1942, Professor für Slavische Philologie (Literaturwissenschaft) an der Universität Erlangen-Nürnberg (1986-1993) und Jena (1993-2008). Forschungsschwerpunkt russische und polnische Literatur des 19. und 20. Jahrhunderts; letzte Veröffentlichungen u.a. *Europäisches Ereignis «Kreutezrsonate»: Beethoven, Tolstoj, Janáček* (2004) und (zusammen m. Christine Fischer) *Polnische Dramen in Deutschland: Übersetzungenn und Auffürungen als deutsch-deutsche Rezeptionsgeschichte 1945-1995* (2011)

Cristina Zagaria, geb. 1975, Laurea an der Universität Bari zur Filmgeschichte, lebt als Journalistin in Bologna, Bari und Mailand. Publikationen v.a. im Reportagenteil der Tageszeitung *La Repubblica* über Verbrechen; ihr Tatsachenroman *Miserere* erhielt den Premio San Valentino 2007. In der Folge weitere Reportage-Romane (zur Mafia, zur Verflechtung innerhalb der italienischen Universitäten, zur Gendertematik v.a. in Süditalien), bekannt auch wegen ihres Blogs «Voltapagina», http://www.cristinazagaria.it/.

Zibaldone
Zeitschrift für italienische Kultur der Gegenwart
Herausgegeben von Thomas Bremer und Titus Heydenreich
Mitbegründet von Helene Harth

**Ein Forum für kritische Debatten mit Streifzügen ins Kulinarische, Historische und Künstlerische.
Eine Zeitschrift, die Heft für Heft überraschende Perspektiven wagt.
Geschrieben von Schriftstellern, Journalisten, Wissenschaftlern, fotografiert, gezeichnet und illustriert für alle, die nie genug haben können von ITALIEN
Ausgezeichnet mit dem PREMIO MONTECCHIO und dem PREMIO NAZIONALE PER LA TRADUZIONE**

Einzelheft EUR 12,-
Jahresabonnement EUR 20,- (zuzüglich Porto)
Erscheint zweimal jährlich
Das Abonnement verlängert sich jeweils um ein weiteres Jahr, wenn nicht bis zum 01.12. des Jahres gekündigt wird.

Bestellschein
.... Jahresabonnement *Zibaldone* ab No. _____

.... Exemplar/e No. _____

Zahlungsweise
.... Gegen Rechnung
.... Bitte belasten Sie meine Kreditkarte
o American express o Diners Club o Eurocard/Masters o Visa
Kartennummer:_____ Gültig bis:_____

Name: _____

Adresse: _____
_____

Datum und Unterschrift: _____

**Stauffenburg Verlag · Brigitte Narr GmbH
Postfach 2525 · D-72015 Tübingen
Tel +49-(0)7071-97300 Fax +49-(0)7071-973030**

Nähere Informationen auch unter www.stauffenburg.de

Lieferbare Hefte:

No. 56: Kleine Inseln
Herbst 2013
ISBN 978-3-86057-859-9

No. 55: Fotografie in Italien
Frühjahr 2013
ISBN 978-3-86057-858-2

No. 54: Mailand
Herbst 2012
ISBN 978-3-86057-857-5

No. 53: Justiz und Kriminalität in Italien
Frühjahr 2012
ISBN 978-3-86057-856-8

No. 52: Italien in Afrika – Afrika in Italien
Herbst 2011
ISBN 978-3-86057-855-1

No. 51: Italienische Philosophie heute
Frühjahr 2011
ISBN 978-3-86057-854-4

No. 50: Italien 1861–2011: Einheit und Vielfalt
Herbst 2010
ISBN 978-3-86057-853-7

No. 49: Alto Adige / Südtirol
Frühjahr 2010
ISBN 978-3-86057-852-0

No. 48: Dialekte in Italien
Herbst 2009
ISBN 978-3-86057-851-3

No. 47: Familie in Italien
Frühjahr 2009
ISBN 978-3-86057-850-6

No. 46: Sardinien
Herbst 2008
ISBN 978-3-86057-849-0

No. 45: Mode in Italien
Frühjahr 2008
ISBN 978-3-86057-848-3

No. 44: Kinder- und Jugendbücher im Wandel
Herbst 2007
ISBN 978-3-86057-847-6

No. 43: Tessin - Die italienische Schweiz
Frühjahr 2007
ISBN 978-3-86057-846-9

No. 42: Adel heute
Herbst 2006
ISBN 978-3-86057-845-2

No. 41: Architektur in Italien
Frühjahr 2006
ISBN 978-3-86057-980-0

No. 40: Cantautori: Liederdichter in Italien
inkl. CD mit Liedern von Mimmo Locasciulli; Herbst 2005
ISBN 978-3-86057-979-4

No. 39: Blut im Chianti?
Italiens Krimi heute
Frühjahr 2005
ISBN 978-3-86057-978-7

No. 38: Karikaturen:
von Bernini bis Forattini
Herbst 2004
ISBN 978-3-86057-977-0

No. 37: Film in Italien
Frühjahr 2004
ISBN 978-3-86057-989-3

No. 36: Der Gardasee
Herbst 2003
ISBN 978-3-86057-988-6

No. 35: Oper in Italien
Frühjahr 2003
ISBN 978-3-86057-987-9

No. 34: Schriftstellerinnen heute
Herbst 2002
ISBN 978-3-86057-986-2

No. 33: Siebzig Jahre Umberto Eco
Frühjahr 2002
ISBN 978-3-86057-985-5